U0137172

八指頭陀詩集

詩歌僧律所戒。而寒山以之度世。
唐時俗尚吟詠。
亦猶觳音獸言入其群以接引之也。

敬安法師 著

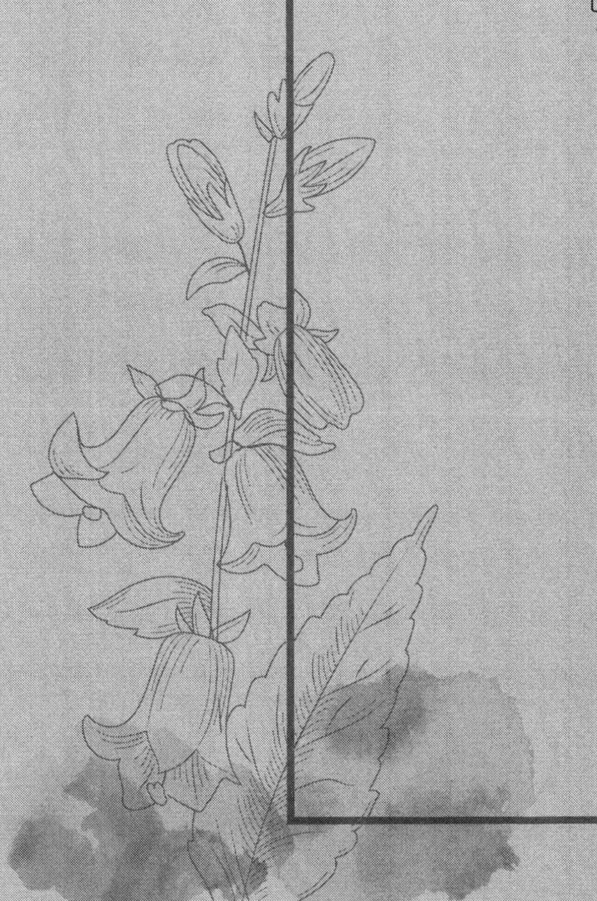

謹以此詩集之刊行　爲紀念

八指頭陀寄公禪師殉教六十二週年之献禮

八指頭陀傳略

頭陀名敬安字寄禪，黃山谷之裔孫也。宋末由江西遷湘之茶陵，明末由茶遷湘潭之石潭。生咸豐辛亥（一八五一）十二月初三日。七歲失母，十一喪父。同治七年（一八六八）十八歲，投湘陰法華寺出家，禮東林長老為師。是年冬，受戒於南嶽祝聖寺賢楷律師。參禪於岐山仁瑞寺恒志禪師，二十四歲後，訪道於大江南北諸刹名德。光緒初，詩名大震於士林，名刹爭聘為住持，歷任南嶽上封寺，長沙上林寺，寧波天童寺，七塔寺，寧波僧教育會長等職。民國元年，（一九一二）四月一日，召集全國僧界代表，創立「中華佛教總會」，開成立大會於上海留雲寺，公舉為會長。民二年（一九一三），各省佔寺奪產，興辦教育之風益熾，而中華佛教總會章程，猶未得政府批准。衆舉頭陀進京，以謀奠定總會之基礎。值內政部禮俗司杜某，方分別寺產公私以議提撥，頭陀屢次力爭，不得直。憤悒甚，回法源寺，卽晚卒。二月八日，（壬子十二月二日）時世壽六十三歲也。詩友熊希齡，楊度等，以事聞大總統袁項臣，中華佛教總會章程，乃經國務院迅於審定公布。佛教寺產，賴以少安。頭陀對於年青敏學之戒子太虛，期望甚殷；而太虛大師之於法門師匠，獨折心於頭陀，蓋其魄力雄厚，志願堅毅，非尋常師家可比。太虛大師於其所撰「中興佛教寄安和尚傳」中云：「嘗召之至丈室，端容霽顏，縷告以生平所經歷事；並述「孟軻」「天將降大任於斯人也」一章，勉余習勞苦而耐枯冷』。吾國佛教近世紀來，頹廢不振自頭陀肇中興之運，不幸早逝。繼其遺志又發揚光大其護教之功者，近半世紀來，唯太虛大師其人耳。頭陀之目光如日矣。甲申法軍犯臺灣，頭陀正臥病寧波延慶寺，聞訊心火內焚，唇舌焦爛，三晝夜不能眠，思禦炮法不得。出見敵（法）人，欲以徒手奮擊死之，為友人所阻。時年三十四。其愛國情緒如此。頭陀殯儀南歸日，自大總統以下，均往弔奠。全身奉安於天童太白峯下之青鳳崗。其先自營壽塔曰：「冷香」。自撰聯云：「傳心一明月，埋骨萬梅花」，為李梅菴書。其詩亦云：「青鳳山前聊葬骨，白梅花裏且棲神」。皆寂前一年也。其著作「八指頭陀詩集十卷」「續集八卷」，均由北平法源寺住持道階法師刊行於世。「嚼梅吟藁」一册，為較早期作品，均收正集中。「白梅詩百首」，不傳。文稿書札，海潮音曾刊出一部分，餘無存。大醒法師著「八指頭陀評傳」，今亦遍覓不獲。四十歲以前事跡，見其自敍文中。今值頭陀殉教四十四周年，特以余於民十九年購自北平之頭陀詩集孤本，付自由書店黃奎居士影印流通，以紀念此一代名僧之行業。

中華民國四十五年一月十五日釋道安於汐止彌勒內院

景印八指頭陀詩集序

寄禪上人一號敬安以燃二指供佛遂自稱八指頭陀姓黃氏湘潭石潭鄉人少失怙恃年十八爲人牧牛方春和時驅犢田間見白桃花繽紛滿樹頃刻爲風雨所敗因頓悟人世無常遂投湘陰法華寺禮東林和尙爲師旋受戒南嶽祝聖寺自後托鉢遠遊流連吳越將及十年相傳上人居岐山仁瑞寺時初爲寺中堂頭僧司諸僧侶齋筵一日見病犬入寺饑困求食上人憐而飼之寺僧習靜日有常課禁蓄犬甚嚴上人既私飼病犬百計驅之弗去有頃方丈按視僧寮病犬方就破盎啖殘飯上人遙睹方丈將至急逐犬而破盎在地上事瀕敗露乃遽取盎吞其餘粒味臭惡不可近犬涎滿焉方丈既過上人還寮大嘔蒙被臥忽開悟穎慧逾常人信口成詩皆清妙可誦惟不能作字積久亦恆爲人書其自作詩句形如倒薤或上下左右移置稚劣如童子然別具逸氣人爭寶之上人還湘王

湘綺先生爲之延譽聲稱頓起常於嚴冬赤足行嶽麓山中擕餅餌雜梅花水雪大嚼每數日不返後主天童寺天童上人之名滿天下其詩出自禪悟吐語高絕非常人所能逮道安法師飛錫臺灣行篋中擕有八指頭陀詩集善本黃奎居士乃爲影印行世以廣流傳增價鷄林分光鷲嶺人天歡喜信爲殊勝因緣余家居密邇上人故鄉知成詩行道始末頗具謹識數語簡端以志其嚮慕之私云

中華民國四十五年一月湘潭李漁叔

舊序

詩歌僧律所戒而寒山以之度世唐時俗尚吟咏亦猶鷇音獸言入其羣以接引之也寄禪師兄幼誓出家然指求法精進甚苦初不識文字忽有慧悟通曉經論有踰宿臘然頗癖於詩自然高澹五律絕似賈島姚合比之寒山爲工湖外樸儉士大夫雖異之莫能崇奉檀施也故得全其孤潔自吟自賞而已使有刺史求見之幾何而能留國清乎夫法尚應舍何況言語然世尊相好妙音皆嘗示見供人贊仰生人信向闓運平生求工文詞信爲逐末矣既見所錄輒題以告學者丁亥閏月戊

申湘潭王闓運序

舊序

自晉以來文勝至唐詩勝趙宋理勝而釋家均隨世有拔萃之秀就詩論之唐僧詩不能頡頏王李六朝僧詩無愧陸謝唐後益靡矣蓋法顯支公兼文理以爲詩齊己諸人徒事吟咏故也謝靈運譏孟顗無慧業慧者圓頓之所尚業者退墮之所由然謝雙舉爲言豈不以一切法爲慧爲業乎知業之善猶不善益知業有善有不善也其理非趙宋後之理其詩卽非趙宋後之詩也吾鄉多詩僧詩不勝余僧定不勝余而寄禪和尚以慧業故不由識字自然能文衆聳異之爭相傳鈔欲其省便

因爲刊布余初序之引賈島以比意以爲不過唐詩僧之詩耳旣隔一年復有續作乃駸駸欲過惠休余序未爲知言亟刊前序更爲論定亦見進步之速也寄禪得慧而能兼文理以爲詩可謂希有雖然慧亦業也法亦業也散花所以供養何故反以著衣爲結習衆無花業故故亦無花慧知此而寄禪可爲詩亦可以不爲詩矣

戊子十一月旣望王闓運改定重題

舊序

余識寄師十餘年矣見則口吃吃吟其詩一字未安推敲竟日故其詩日益進而集且日益富矣寄師盛年從武岡鄧白香吾邑王湘綺兩先生遊其詩宗法六朝卑者亦似中晚唐人之作中年以後所交多海內聞人詩格駘宕不主故常駸駸乎有與鄧王犄角之意湘中固多詩僧以余所知未有勝于寄師者也自癸酉年始至戊戌年止共得詩十卷其前五卷義甯陳伯嚴考功校刻行世卷六至卷十余爲之續刻有爲前本未錄者余仍選得數首附後補遺凡半年而功畢寄師往來梓人

處猶復改刻不休其溺志苦吟信有不可及者釋氏喜言因緣如寄師者殆所謂有文字緣者耶戊戌臘八日

湘潭葉德輝識

敘

予世居湘潭之薑畬寄禪師爲薑畬黃姓農家子幼孤貧爲人牧牛十餘歲時投山寺出家爲僧然兩指供佛故名八指頭陀師長予將二十歲予幼時卽聞鄉有奇僧具夙慧能爲詩初不識字以畫代書不知壺字輒畫壺形其時薑畬鐵匠張正暘及予妹叔姬皆不學詩而自能詩鄰居三里以內有此三異鄉人傳以爲奇而王湘綺先生隱居雲湖相距才十餘里予輩咸師事之其地又有老農沈氏能學陶詩羣呼爲沈山人又有陳梅羹處士亦居薑畬博學能詩不事科舉刻有陳薑畬集

一鄉之中詩學大盛高談格調卑視宋明漢魏三唐自成風氣惟師自出家後遠遊於外其先塋在薑畬偶歸拜墓因來相訪予始識之聞其自言初學爲詩甚苦其後登岳陽樓忽若有悟遂得句云洞庭波送一僧來後遊天童山作白梅詩亦云靈機偶動率爾而成然師詩格律謹嚴乃由苦吟所得雖云慧業亦以工力勝者也師會宿予山齋予出屏紙强其錄詩十字九誤點畫不備窘極大汗書未及半言願作詩以求赦免予因大笑許之自後師不再歸予亦出遊湖海流離十有餘載中間未曾一見惟予居日本時師自浙江天童山寄詩一

首而已民國元年忽遇之於京師遊談半日夜歸宿於法源寺次晨寺中方丈道階法師奔告予曰師於昨夕涅槃矣予詢病狀乃云無病道階者亦湖南人妙解經論善修佛事師之弟子也予偕詣寺視之遣歸葬於天童並收其平生詩文遺稿以歸待乞湘綺先生爲刪蕪雜以之付刊先生暮年耽逸久未得請予亦因政變身爲逋客未暇及此湘綺先生旋復辭世更越二載予得免名捕復還京邑始出斯稿以付手民然未敢爲刪定僅整齊次第之而已師詩曾由義寧陳伯嚴湘鄉王佩初同縣葉煥彬先後爲刊十卷其未刊者八卷師自定

爲續集今爲輯合而全刻之附以雜文都爲十九卷道階及予妹壻王君文育同學喻君味皆友人方君叔章爲之校字文育湘綺先生第四子也凡校刻經八閱月而始成距師逝世逾七年矣世變孔多刼灰遍地而此稿猶存端忠愍辛亥南行從予借取叔姬詩稿以去云將鈔稿見還後乃攜以入蜀革命事起端既被害稿亦遺亡副本雖存然不備矣予丙辰歲逋亡出京之日隨身手篋所儲只此故人遺稿故未散滅以至於今執彼例茲寧非獨幸世間生滅無常一切等於此物師何必有此作予何必無此刋事與教法無關而於因緣足述

故詳敘之於此民國八年十二月湘潭楊度序

八指頭陀詩集卷一

釋敬安寄禪

祝髮示弟 癸酉補作

人間火宅不可住我生不辰淚如雨母死我年方七歲我弟當時猶哺乳撫棺尋母哭失聲我父以言相慰撫道母已逝猶有父有父自能爲汝怙那堪一旦父亦逝惟弟與我共荒宇悠悠悲恨久難伸搔首問天天不語竊思有弟繼宗支我學浮屠弟其許豈爲無家乃出家歎息人生如寄旅此情告弟弟勿悲我行我法弟繩武

泊空舲巖上杜公亭

杜老留題處征帆又此停水痕侵岸白嶽色向人青檣燕飛何處江猿不可聽揭來一凴眺落葉滿空亭

題陳伯麐鎮軍隱居

將軍奏凱還高臥此中間綠樹覆幽谷白雲生遠山雄心銷劍氣勳業驗刀瘢萬里沙場月依然照草關

送春

一枕煙霞睡味賒不知春去野人家數聲啼鳥幽窗外驚起山僧掃落花

莫秋偕諸子登衡陽紫雲峯

紫雲最高處飛錫共登臨秋老山容瘦天寒木葉深西

風孤鶴唳流水道人心坐久林塘晚寥寥鐘梵音

宿嶽麓寺待笠雲長老不歸

得得扶筇上翠微寒林空見白雲飛鐘鳴古寺人初靜月滿蒼松鶴未歸

題玉池別墅

溪山深處主人閒山外桃花漲一灣一入仙源塵世隔莫隨流水到人間

長沙龍潭山有寄禪與余同字喜賦

楚水吳山各一天論交印合有前緣西方自古三迦葉東土何妨兩寄禪君江南宜興人工草書能詩貌癯余體豐甚時人有大小寄禪之稱

畣尹和白

鎮日焚香禮翠微松花落滿水田衣柴門寂歷生幽草除卻孤雲客到稀

君山返棹

寒鴉旅雁莫天飛半落平沙半翠微最好湖山看不盡洞庭船載夕陽歸

懷精一上人

思君不可見朝朝悵煙霧衡陽雁已遥遠書寄誰去忽見黃鳥飛出谷鳴高樹躊躇東復西幽情共誰語

喜劉甫臣過訪

雲廚苦淡薄留君何所待山上拾枯松歸來煮野菜無
酒亦成歡佳會言難再

偶作

長嘯返林壑息心了無求盈虛有真宰得失忘喜憂懷
此得真趣因之絕世遊煙霞最深處麋鹿皆吾儔

送海峯上人行腳 甲戌

南詢從此始煙水浩漫漫一鉢飄然去千山次第看江
雲春樹碧海月夜鐘寒處處隨緣住無求夢亦安

薄莫偕瘦松龍山散步

興來驅我去薄莫入雲深流水半江月松風萬壑琴歸

漁喧渡口晚磬出疏林與子一爲樂彌生清淨心

春日漫興與師老人作

獨處罕儔侶草堂冬復春澗花飛獻佛林鳥語親人白髮吟情淡青山道味眞寥寥塵境外木石自爲鄰

將之南海賦別　乙亥

舊院安禪處經年錫一臨欲辭溪澗水去聽海潮音白髮憐師老青山悵別深空門本無我那有去來心

楓橋夜泊和唐人韻

白露橫江水接天秋懷黯黯不成眠一身漂泊三千里獨宿蘆花月滿船

杭州 丙子

欲把杭州當橘洲閒身到處便句留此生不作還鄉計飽看湖山到白頭

春日靈峯途中

春來多逸興獨去款巖扉澗草青承屐溪雲白上衣落花隨水至野鳥伴人飛樵路行將盡鐘聲出翠微

莫遊玉泉寺

夕陽林谷暝衆鳥亦知還涼月一渠水殘雲數點山偶隨寒磬入欲共老僧閒夜久羣動息輕煙澹碧鬟

西湖行宮二首

孤山猶見五雲遮父老年年望翠華水殿無人秋寂寞
清溪開遍白蓮花
夾岸青青御柳垂朱甍碧瓦壓湖湄斜陽輦路多秋草
卻憶三朝全盛時

瑪瑙寺懷古生公講經處

地僻雲深少客來梵王宮殿盡塵埃淒涼一片西湖月
猶照生公舊講臺

遊三茅山普安寺丁丑

直上南來第一山薜蘿深處款禪關聽松一拂依然在
化鶴三茅去不還古洞煙消丹竈冷叢巖雨過白雲閒

請看原上壘壘冢誰乞金丹駐玉顏

莫秋書懷

身似孤雲無定蹤南來三度聽霜鐘人方見雁思鄉信
山亦悲秋帶病容佳句每從愁裏得故人多在客中逢
自嗟未了頭陀願辜負青山幾萬重

將之天童結茅

山僧性愛山不樂人間住欲持瓢笠行更入山深處

歸茅山

禪心不及白雲閒荏苒風塵老客顏一別林間驚歲晚
歸來紅葉滿秋山

秋日有感

島樹落黃葉故鄉仍未還客情倦飛鳥病骨瘦秋山試照恒河水已非疇昔顏何時衡嶽下歸掩白雲關

宿阿育王寺

秋林日色微樵徑語人稀一雁隨雲度孤僧帶月歸霜清聞木落夜靜見螢飛獨宿空山裏超然與世違

重陽後一日偕水月上人登慈谿驃騎山

重陽後一日結伴此登臨萬壑白雲滿千山紅葉深寒潮明遠浦疏磬散空林憑眺斜陽裏茫茫愁古今

莫秋茹峯山閣晚眺

高閣淩霄漢登臨見大荒輕煙凝遠樹疏雨澹斜陽江淨寒潮白秋高木葉黃憑欄不欲去明月照衣裳

住山吟爲與了上人作

結廬人境外終日掩柴關法侶檐前樹禪心雨後山種松期鶴宿掃石待雲還寂寞幽棲子忘機與物閒

閉關

天涯倦遊客築屋掩禪關世界微塵大身心一味閒種蓮聊結社悟理當看山寄語宗雷輩相期共往還

人日重過茅山寺疊前韻 戊寅

心似飛雲思故山又攜竹杖叩柴關澗流碧水仍如舊

人逐青春去復還看石忽驚禪影瘦聽松殊覺野情閒白頭老宿歸何處惟有孤鐙照病顏

秋夜偶成

八月秋風夜氣清蒲團枯坐萬緣輕巖前月墮定初起錯聽溪聲是雨聲

曉過聚德禪院訪屠子中

言訪幽人宅芒鞵踏曉霜遥山開曙色落月澹秋光清磬出花早寒鴉覓食忙閒雲眠未起初日滿扶桑

秋日登伏龍山

鷲嶺鬱崔嵬登臨亦壯哉秋聲生遠樹落葉掩荒苔海

闊孤帆度天空一雁來故山不可見愁絕莫猿哀

送阮鏡容出山

煙霞不肯住煙水蕩歸舟落日送行色秋風生旅愁帆隨片雲遠江挾衆星流他日重來此溪山記得否

過棲隱禪院訪懶愚上人

乘興問誰適翛然獨訪君爲求一字友踏破萬山雲古木當檐出孤鐘隔水聞遠來相問訊無語立斜曛

懷靈芝山人

萬壑千巖下幽懷誰復知梅花寒不放明月冷相窺窮病爲詩料閒愁當酒資神仙隨物化何用采靈芝

重宿天童山寺山有鎖翠亭堆雲塔

踏遍千山復萬山夕陽影裏叩禪關爲尋鎖翠堆雲地
重到幽花瘦石間茅榻鐙昏僧入定松枝月冷鶴初還
自憐碧海浮杯客三宿雲房鬢欲斑

重宿茅山寺

十年蹤迹類飄蓬又宿南來第一峯清夢正貪歸路近
月明何處一聲鐘

訪育王心長老作

行行不覺遠入谷已殘曛松翠近可掬泉聲咽更聞水
淸魚嚼月山靜鳥眠雲寂寞雙林下煙霞長屬君

雪中題呂文舟居

扶病策疲蹇言尋靜者居天寒過客少梅老著花疏鳥啄檐前雪風翻案上書不知灞橋上詩思近何如

贈屠寄梅 庚辰

白髮蒼顏與世違閒居野外獨忘機一泓流水觀魚樂半樹斜陽看鳥歸垂釣月明蘆荻岸采芝雲溼薜蘿衣知君志在溪山裏祇恐丹書下翠微

懷湘陰郭增頤

日落寒林萬樹煙懷君此際倍悽然秋風雁斷書千里涼月光浮水一天結社青山還憶昨渡杯滄海已忘年

若耶溪畔雲門寺何日孤鐙對榻眠

贈黃子賁

細雨微風裏悽然一送君他鄉貧作客相贈祇孤雲

逢祖印上人 辛巳

百花深處一逢君杖屨飄然迥出羣不改山中眞面目
衲衣猶補嶺頭雲

與與了上人話舊

當時楚水嶽雲間持鉢從遊鬢未斑一十二年如電拂
白頭相對話岐山

與長沙袁俊艮總戎過育王嶺

日暮煙鐘鳴歸路西風緊夕陽在寒山馬蹏踏人影

別楊靈荃社友

唱罷驪歌思悄然山含落日水含煙卻愁今夜江頭月獨照離人上客船

畱吳燮堂

我與青山有宿緣住山不要買山錢山中歲月如流水纔看梅花又一年

雪竹

風雪漫相欺青青不改移無人見高節祇有白雲知

還山作壬午

長揖謝人羣養痾依林泉繩牀不盈尺茅屋纔數椽乞食縱不飽喜無塵事牽游興忽以至拄杖追飛鳶所歷既已疲還就樹下眠逍遥隨所適孤雲與之然

訪宗明州湘文

寂寂深山晝掩門芭蕉未忍破苔痕今朝欲訪故人去黃葉蕭蕭下遠村

題畫

一株兩株松三箇五箇竹巖扉長寂寥祇有雲來宿

題竹

一片清陰覆綠苔心虛原不著些埃臨風忽忽秋聲起

疑是瀟湘夜雨來

懷湘曲

八月九月天氣涼霜催萬木皆凋黃久客他鄉思故鄉
故鄉遠在洞庭傍洞庭連天水茫茫波中突出君山蒼
昔年一舸浮滄浪鶴汀鳧渚相徜徉泠泠晚鐘鳴夕陽
蕩漾明湖青黛光天風飄飄吹我裳

懷心泉長老禪房

萬山合沓路橫斜老樹斜陽集莫鴉猶記支公留宿處
一窗霜月凍梅花

正月二十五日過白雲竹院 癸未

暮遂閒雲入竹房梅花夾道澹生香笑看孤塢離奇甚
瓦上松枝挂夕陽

訪陳啟南

微雨睡初醒扁舟入渺冥潮連蟹浦白山接馬鞍青細
草迷幽徑閒花落廣庭主人能好道薄醉聽談經

題悟眞上人山房

浮世渾如夢深山獨息機雲從冷處臥鳥向靜中飛永
夜歌明月終朝坐翠微雨餘茅屋冷苔色上人衣

夏日偕錢子和蒲仙昆仲遊玲瓏巖

偶著謝公屐相隨此地遊嶺雲多在樹溪雨欲沈樓地

僻人稀到巖深夏亦秋夕陽歸路好谷口起樵謳

題來誰園

洞門寂寂鎖蒼苔舞榭歌樓𧙗劫灰惟有多情數竿竹依然青過矮墻來

自遣

鐘梵晚蕭蕭山廚歎寂寥夜泉和月煮野菜帶雲挑

雪竇千丈巖觀瀑布

瀑布長千丈迢遥挂碧天何當翦一片縫作衲衣穿

懷郭菊蓀司馬

長安不見悵何如雲白山青萬里餘不識故人身健否

十年未報一封書

舟中秋莫

西風亂颭荻颼颼欲繫孤篷不自由落葉有情飛送客
秋山無語暗生愁雲煙到處隨行腳霜雪欺人欲上頭
我本無家任漂泊又隨明月過滄洲

題天台十甲子老僧坐禪處

萬木森寒入翠微飄然鶴髮久忘機溪聲畢竟無今古
山色何曾有是非澗草自迷遊客屐巖花時落坐禪衣
問師何代天台住手種青松已十圍

登天姥峯

久羨慈峯勝登臨日欲西鳥隨紅葉下人與白雲齊怪石立如鬼巉巖斗若梯不從高處望誰信萬山低

登華頂峯

脚底聽流泉人來飛鳥邊羣峯盡如蟻片石欲撑天吳越雲中盡星河樹杪懸登臨愜懷抱飽看萬山川

國淸寺

樵路行忽盡靑蓮擁化城水迴雙澗曲雲截五峯平不見寒山子空聞智者名余生獨何晚懷古一傷情

奉化雪竇山居用王右丞香積寺韻二首

欲覓幽棲處千峯復萬峯偶來黃葉寺聽打夕陽鐘枕

借雲邊石詩題洞口松登高一長嘯驚起隱潭龍隱潭爲神龍所宅旱時有禱輒應

苔磴懸青嶂茅簷俯碧峯煙中不見寺花外祇聞鐘瀑布千巖雪珠林一樹松雲陰天欲雨疑有聽經龍

太白山居疊前韻二首

結茅淩絕頂終日對前峯目斷三秋雁心清五夜鐘欲招池上月疏種澗邊松氣變知時易春雷起蟄龍

偶隨樵子入得住最高峯自汲寒潭水時聞遠寺鐘雨餘方看竹雪盡始憐松宴坐本無事何心制毒龍

題雪竇中峯寺再疊前韻

心目忽昭曠睛空插一峯斷橋塡積雪絕壑墮疏鐘掃石苔侵席翻經月挂松遊蹤罕到處老樹半成龍

贈中峯菴主三疊前韻

何年來雪竇卓錫住中峯獨坐淸溪石誰敲靜夜鐘猿嘯千嶂月人老一庭松咒水跏趺坐時看鉢入龍

重九病中寄勵季龍

尋山復問水不記幾由旬孤館逢佳節寒鐙憶故人秋風欺病骨明月泠吟身消瘦誰相似黃花爲寫眞

送秦舍人子質入都

歲晏欲何適天涯行路難猿聲楚山莫潮落廣陵寒遠

別從茲始離尊語夜闌故園花發後應已到長安

歲莫奉懷舅氏

歲莫鄉心切雲山道路賒別來惟有淚歸去已無家親舊漸寥落流年換鬢華艱難憶吾舅隕涕望長沙

癸未冬半谷禪友招余度歲陽堂甫半月子卿弟從楚來越促余下山賦此留別

巖谷思深遁天心未許閒行吟辭白髮灑淚下青山兄弟情何重煙霞債未還無窮離別意都付夕陽間

甬江送子卿歸里

欲語淚沾襟天涯遠客情君行休作別不忍見君行

重遊雪竇懷秦鹿笙先生 甲申

故人來此地曾問上乘禪同坐澗邊石遙聽樹杪泉山猶青似昔髮已白於前再見知何日相思倍悄然

過徐酡仙故宅 酡仙鄞人善飲工書自號四明醉客

門巷蕭條長綠蕪流鶯猶似勸提壺野棠含雨梨花白不見高陽舊酒徒

送玄松上人還日本

滄海渺無極鄉關何處邊歸帆遙向日島樹遠含煙洗缽鯨吞水窺齋鳥入船此行應不負了悟大乘禪

三遊雪竇

扶筇三上妙高臺又欲題詩掃石苔野鶴閒雲應識我一年一度入山來

辭明州太守宗公湘文請住杖錫山寺 癸未

萬壑千巖深復深此山眞是四明心（杖錫有漢人摩巖隸書四明山心四大字每字長丈餘筆力古樸非晉人可及）誅茅欲就雲間住恐有樵人遠見尋

太守得偈堅請不已復此示意 癸未

多年枯木（余昔名枯木頭陀）已無枝那得猶蒙大匠知祇合寒巖煨芋用法門梁棟總非宜

附錄馬文齋詩

仗錫(仗錫四名山峰名)嵯峨冠海濱石窗開處隔紅塵(四明山有石巖如窗四面明豁故號四明甯波古稱四明又稱明州均以是山得名)如何太守叮嚀語不與青山作主人

八指頭陀詩集卷之一終

八指頭陀詩集卷二

釋敬安寄禪

白下懷隨園

乾嘉風雅共推袁回首倉山欲斷魂十載干戈寥落後荒煙無處認隨園

山中漫興寄王子獻

紫芋黃精飽我饑律身常奉懶殘師喜無白髮悲秋想祇有青山結夏思花雨一簾僧對弈茶煙半榻鳥談詩林間風景長如此君但能來莫限期

題寒江釣雪圖

垂釣板橋東雪壓蓑衣冷江寒水不流魚嚼梅花影

訪朱沚瀾

雨後秋花落更開萬山紅葉忽成堆無端又訪龐居士戴得斜陽一笠來

登太白山

白雲扶我下蓬萊爲訪長庚得得來幽谷虎過苔有迹澄潭月印鏡無埃山從拄杖頭邊出花在遊人脚底開海闊天空豁懷抱此身疑向九霄回

秋江

兩岸蘆花似雪飛天涯回首倍依依秋風有意留人住

細雨無聲送客歸千里關山行腳倦百重雲水與心違旅懷此際憑誰說黃葉蕭蕭落滿衣

甲申八月自四明歸長沙

誰憐孤雁向南翔楚水吳山道路長趁得一帆風色便到家恰好是重陽

一鉢飄然已十年每逢佳處便留連鐵鞵踏破徒辛苦依舊青山滿目前

題煙江疊岫圖

江煙漠漠水潺潺樹杪人家樹底山我欲誅茅就煙水往來時共白鷗閒

自海上歸與本師雲和尚夜話

不待巾瓶側怱怱已十年早知布毛意何用草鞵錢夜
雨談詩坐孤鐙對榻眠別來多少事語罷欲潸然

過杲山寺呈一心老人

痛心吾道切垂老不容閒昔住白霞寺今開紫鶴山雲
煙生講席花雨落禪關悵別慈顏久蒼蒼鬢髮斑

杲山題壁

林泉無俗韻遊賞及辰良倦鳥自知返閒雲不解忙鐘
鳴千嶂夕花落一庭香老宿得眞寂身心俱坐忘

卜築衡嶽煙霞峯水石清幽竹樹蓊蔚欣然成詩

身閒罕人事瓶鉢足生涯睛曬春前藥香聞雨後花溪聲淸枕席雲氣濕袈裟箕踞長松下朝朝餐碧霞

重過江甯乙酉

鶯啼花落故園春一樣風光獨愴神多少故交零落盡歸來翻似異鄉人

重晤陳梅根

故人二十七年別今日相逢似隔生多少離情不能語急風吹雨打窗聲

過故居

幼與吾廬別今來鬢已華園荒頻易主樹老半無花相

見幾人識欲言還自嗟卅年眞一夢還憶聚恆沙

春懷

忽忽江湖老悠悠天地閒孤雲歸楚岫春雨夢吳山異
域同漂泊故人悲未還謂精一光明二師祇應幽澗水留照鬢
毛斑

六月十三日與劉北固王君豫曾重伯陳伯嚴陳
伯濤雅集上林寺

佳辰集緇素宴坐無雜賓放曠恣言笑聊以適性眞微
雨沐庭柯涼颸動葛巾山果應節早園蔬薦時新焚香
啜清茗淨土空諸塵雖無杯中物不見攢眉人希蹤遠

公社永好託芳鄰

還山懷甬上舊遊

山川倦遊覽言歸松下房蘭桂馥前庭桃李蔭後堂心閒息衆喧鳥雀近人翔長夏五六月高枕傲羲皇微雨一以過枕簟有餘涼夜來鐘梵寂虛室聞天香圓月揚清輝清輝鑑衣裳忽念平生親遼隔天一方思欲一見之關路何茫茫安能生羽翰倏然凌君旁

碧湖消夏

畫橋西畔柳陰東十里平湖水接空不似人間苦炎熱衲衣閒坐藕花風

重晤舅氏有感

十年離別苦況是渭陽親偶與骨肉會難禁涕淚頻蒼茫雲水意衰病薜蘿身共話斜陽裏還疑夢未眞

舅氏攜家歸里喜賦

高蹈謝時輩長歌歸舊廬閒尋山水趣笑課子孫書寫葉晚霜後種花新雨餘委懷在詩酒直欲老樵漁

碧湖晚眺與寶覺居士吳雁舟同作

碧浪湖邊寺紫微山上亭湘浮一線白天壓四圍青細草侵禪墻閒鷗浴遠汀數聲漁笛晚驚起蟄龍聽

喜曾重伯陳伯濤見過用伯濤見贈原韻三首

茶話日將夕虛堂聞梵音道根俱不淺靜理亦何深貽我郢中曲勞余塵外吟誰能一彈指了悟去來今是法無高下誰分大小乘水雲天漠漠身世日騰騰白髮愁難卻青山歸未曾聊將松頂月分作佛前鐙幽寂雨華寺禪宗衆所歸雲生遊客屐花落講僧衣大覺看身妄玄談入理微上方鐘磬裏惜別語依依

書感

古道去已遠澆薄離眞醇玄紫既異彩各自親其親水渾魚所樂木直斧所掄幽蘭沒荊棘得以全其眞

呈鄧彌之先生用見贈原韻

達人謝物役林下散幽襟以我看雲意知公出岫心松
風蕩煩暑山月照清吟懷抱獨千古寥寥誰賞音

宿麓山寺

一雨滌煩暑翛然曠我襟涼風引秋意夕磬定禪心掃
石成孤坐倚松時一吟夜深樵唱歇巖溜續清音

麓山采藥

采藥入雲路行行日西斜涼風動修竹高樹藏昏鴉木
脫山露骨澗香藤落花留連夜深返江月鳴清笳

山行

意行隨所適佳處輒心領林深闃無人清溪鑑孤影

秋夜懷王伯諒

秋夜不能寐秋蟲鳴砌間疏鐘雲外寺落葉雨中山以我意不適想君情倍艱何時復相見一笑破愁顏

開福寺懷古

祇今開福寺自昔會春園駐錫神僧杳流杯舊址存客來一灑淚花落竟無言懷古情何限江寒嘯莫猿往事已如夢宮花冷夕陽秋風吹落木衰草語寒螿五代豪華盡千年霸業荒淒涼湖上月曾照幾興亡

碧湖亭晚眺

會春園裏亂棲鴉佳宴堂前日影斜洗盡繁華一湖水

野風吹放白蓮花

秋夜懷鹿門戒兄

去歲麓山寺相逢笑口開驚心復黃葉行迹長青苔鴻雁書難達別離情易哀寄聲湘浦月好送夢魂來

麓山寺題瓌公房

一室超諸有禪扉夜不扃山光四圍碧松色六朝青鳥啄齋餘鉢猨窺講罷經夜深人語寂冥翠落空亭

虎岑送慈和上人歸衡陽

西風吹落葉先向客中聞已動悲秋意那堪復送君長辭虎岑月高臥雁峯雲此後松根石何人話夕曛

立秋夜聞蟋蟀

如何當此夕寂寞發哀鳴忽墮孤鐙淚還傷遠客情悲風驚葉落餘響入秋聲念爾愁難寐荒村欲五更

少嵐上人索題芋園印譜拈此應之

大道本無文字象雪鴻偶寄爪泥痕我亦印空書咄咄了無工拙與人論

歸雲

煙樹蒼茫疊翠微道人長掩竹中扉白雲也識山居味不待鳴鐘已早歸

與諶大笠山

一自天台采藥歸蕭然更覺世情非慇懃特向故人道爲覓雲山挂衲衣

送吳稱三官城步教諭

石筍峯高高插天篛坡坡上草如煙一官底事輕拋去寂寞春山響杜鵑

過養知書屋敬贈

高卧白雲裏翛然獨掩扉立言不苟合與世自相違豈爲一身計甯辭衆口非平生憂國淚多少在朝衣

題吳稱三石筍山房圖丙戌

活活蘭溪水峩峩石筍峯幽人抱奇節結宇依青松風

定樵聲近林昏樹影重何時筇竹杖來訪鹿門蹤

擬古二首

西嶺自逶迤東城亦崔嵬仰觀浮雲馳俯聽悲風來山川自如昔古人安在哉青條不再榮白骨縈蒿萊本無千歲期徒爲百世哀采藥求長生海上空徘徊達人隨大化一任芳華摧

繁露摧蕙蘭春風馥桃李人生大塊中逐物寧有已物遷情自移美惡無定理執情紛是非解空無彼此尙不慕泥洹焉知佈生死

六月十五碧浪湖看月遇雨用王壬秋社長韻

長夏苦炎鬱一作郊外遊西麓縈煙青澄湘靜不流芳藻襲行衣鐘梵聲寥幽虛亭納湖光佳客與淹留相期趁涼夜汎月迴輕舟層雲騎太虛四座風颼飀飛雨湖上來颯然天巳秋寒暄異須臾萬事良悠悠

題按察使夏公嶽遊詩後

一解簪纓累名山恣意看望衡湘九轉入嶽路千盤絕頂懷韓愈寒巖訪懶殘懸知望日處應可見長安

聞道方廣勝逍遙得大觀泉飛六月冷衣染萬山寒老衲能分餉樵夫不識官朱張遺蹟在聊爲小盤桓

九月十九玉池老人招集碧浪湖展重陽因賦

老人興不淺飛蓋入煙霞展作重陽會還勞長者車清言契尊酒高詠動鳴鵶莫悵歲華晚籬邊菊未花

偶尋蓮社約似接竹林遊細雨林塘晚微風草樹秋湖山得佳賞車馬此淹留惆悵煙鐘動獨歸池上樓

秋夜憶弟

憶弟夜難寐挑鐙心自悲難分家室累忍讀鶺鴒詩對月空垂淚還鄉未有期幽人正愁絕蟋蟀爾休嗁

送戴仲山歸衡山

一曲驪歌不可聞布颿湘上掛斜曛異時相訪應難遇七十二峯多白雲

贈璧臣居士

繁華事散鬢如絲萬里青山獨往時一種風情誰得似
嶺南爭唱荔支詩君有尊前聚散多萍梗嶺外風情祇荔支句爲人傳誦

題碧虛煉師此君軒

仙家翻厭漁人俗不種桃花祇種竹簌簌淸風涼滿軒
坐久不知衣已綠

武昌城晚眺

薄暮古城頭蒼茫萬里秋大江流漢水落日滿汀洲天
地一迴首關山起夕愁南樓今夜月還憶庾公遊

登黃鶴樓

昨放洞庭舟今登黃鶴樓白雲不可問漢水自東流落日千帆影微霜萬木秋時聞吹鐵笛一洗古今愁

焦山

焦公棲隱處落日獨經過帆影懸青嶂鐘聲出碧蘿潮生京口闊山赴海門多昔人不可見惆悵此巖阿

登金山留玉閣

高閣一憑眺蒼茫太古情天疑入海盡潮欲挾山行芳草金陵渡斜陽鐵甕城鄉關杳何處向晚客愁生

登潤州城閣

潤州城上閣侵曉一憑軒碧霧沉焦島青山斷海門春

潮欲平岸野屋漸成村兵火餘殘壘誰招壯士魂

戲贈濬川居士

十載身如一葉輕青山到處自題名每來玉几雲邊宿
會向金鼇背上行鉢裏尚餘香積飯詩中猶帶海潮聲
舊遊歷歷爲君數煙水蒼茫無限情

露宿

明星爛如燭山鬼聲相續白雲蒼然來伴我巖下宿

過曹居士竹蒲山房

心曠山色遠衣寒松露滴一徑蒼苔深惟餘虎行迹

碧湖雅集呈王雁峯山長

不覺日云暮湖皋靄夕陰西風侵客鬢黃葉入詩心見指休迷月賞音不在琴勝遊情未已疏磬出雲深

贈泊然菴主

海外曾隨博望遊暫因親老乞歸休秋風蓴菜思吳郡落日高樓望越州萬古興亡付杯酒五湖煙月入扁舟與君欲結東林社未必青山許白頭

述懷

十六辭家事世尊孤懷寂寞共誰論懸巖鳥道無人迹壞色袈裟有淚痕萬劫死生堪痛哭百年迅速等朝昏不堪滿眼紅塵態悔逐桃花出洞門

過澂觀居士別墅

主人頗好靜塵事不能羈掃石留僧話看雲出岫遲弟兄俱好道婢妾亦能詩看取禪心靜蓮花出水時

贈吳雁舟

獨有延陵子精廬每見過禪機信敏捷綺思未銷磨偶看楊枝舞爭傳桃葉歌天花紛落處誰識病維摩

將還山貽寶覺居士

忻忻梅始榮冉冉歲將闌主人敬愛客斯夕鎮盤桓明知別有時且為須臾歡誰能同世情別後懷辛酸

遊仙四章與笠老人作

天上蟠桃幾度開三千年後我重來衆仙同日成高會
下界何人念劫灰蒼狗白雲時變幻清風明月幾徘徊
人間甲子須臾事且盡南山獻壽杯
高下樓臺白玉京侍兒窈窕董雙成笑看星斗樽前落
俯視河山足底生閬苑有桃臣朔竊瑶台無燭素娥明
吾儕樂事知多少聽取霓裳第一聲
馭象文殊跨鶴仙朝滄東海莫西天宣流妙法來金烏
遊戲神通放木蔦花散諸天香入座定回丹竈火無煙
安排一兩穿雲屐又是蓬瀛路幾千
純陽爛醉李仙跛齊唱歸來踏踏歌檀板數聲滄海闊

梅花一曲彩雲多青牛老子誰能識黃鶴仙人事不磨

風馬雲車一飄忽龍華有會願重過

擬陶

莊生解齊物老氏貴葆眞人生一世間渺若陌上塵放曠聊自適懷抱日以新茅屋四五間取足蔽吾身飛沉有定理焉用勞心神不知養生術徒嘶華池津

八指頭陀詩集卷之二終

八指頭陀詩集卷三

釋敬安寄禪

戲題黃蓉瑞秋柳詩後 丁亥

黃郎美少年著身青雲端揚帆下洞庭驅馬入長安青青章臺柳裊裊春風寒柔條不可折請君霜後看

初春遊碧湖亭

獨居殊寡歡緩步出郊坰春陽布微和柳色縈新青良辰入懷抱清賞臨湖亭啟戶縱矌覽開襟襲芳馨棲煙鳥鳴條潛波魚躍萍興洽樂不淺慮淡神愈甯遙岫斂夕景澄潭浴繁星眘念林壑美願言屢重經

宮詞擬齊梁體二首

東風扇綠草陽谷氣先和瑤池春溜滿芳樹雜英多曉日開宮鏡飛泉鳴玉珂佳人行樂罷半醉朱顏酡

日暖昭陽殿花飛上苑春楊枝學腰舞柳葉畫眉勻芳筵沸瑤瑟畫棟落珠塵興闌聞嗁鳥淚濕紅羅巾

感遇二首

桃李媚妖容託根在巖阿陽春二三月芬芳一何多枝條日以繁羣鳥聲相和榮華豈不好其如憔悴何

孤松秀冬嶺丹桂馥秋林豈無霜雪摧自有歲寒心荆棘塞來途庶免樵斧侵

丁亥三日陳伯嚴涂稺衡禊集碧湖

天天桃始華融融日初麗碧湖風日佳良辰肯虛逝軒蓋紛如雲言修會春禊春林惢幽討孤亭喜新製湘流環前汀嶽色隱雲際廣筵列肴槅芳尊襲蘭蕙時鳥宣法音微言契眞諦既愜少長情緬懷承和世古今若轉丸風流復誰繼

贈徐郎中樹鈞

得句何須手八叉南州名久籍京華喜來古寺瞻靈鷲閒立斜陽數莫鴉詩思近迷湘渚草夢魂寒繞上林花春來又動探梅興童子提壺兩髻丫

招徐叔鴻郎中李公孫伯疆呂仙樓看雪

積雪浩無際登樓望眼寬饑禽爭樹墜遠岫倚天寒何忍獨爲樂還期人共歡寄言高卧者來向畫中看

雪中酬徐叔鴻郎中見懷之作

野寺罷迎送孤吟對碧峯忽聞白雪唱遠答上林鐘斷妄諸根寂觀空萬事慵惟開蓮社會思與謝公逢

送友人入蜀

草綠長沙渚淒然送汝行微官休自恥萬里且孤征日落黃牛峽江流白帝城到時應有淚不獨異鄉情

與淡雲和尚夜話

十年俱老大一見一傷神白髮幾人在青山入夢頻雨
行鐙下淚三載病中身何日嶽雲裏與君還結鄰

贈饒十三

故人獨我厚相見每依依嗜左近成癖論詩真入微雖
云羅憂患長下讀書幃努力青雲器休言與世違

贈陳伯嚴

陳侯亦酒落對酒每高歌好客黃金盡論交白髮多雲
深三楚樹夢繞九江波乘興且行樂浮生能幾何

將歸衡山別常靜法兄

塵居性不適又向嶽雲歸敢道世緣薄空知定力微不

堪孤棹返長與故人違前路休相憶春山筍蕨肥

送雪溪上人歸雁峯

年少易爲別此別淚沾衣往事空回首春山晚獨歸白雲迷遠望明月入禪扉惟有相思夢隨君入翠微

春草

年年原上望惟汝獨先榮已入西堂夢重傷南浦情燒痕看漸沒屐齒踏還生春色又如此王孫尙遠征

四月十六陪茗香翁湘綺先生泛舟碧湖

勝侶忽相引扁舟泛碧湖江山今古在身世水雲孤法樂自清妙禪心寧有無愛茲泉石好還約飯秋菰

喜黃芷舲至

故人久不至相見一開顏脫略形骸外嘯歌天地間移琴臨綠水把酒對青山惆悵日云莫煙鐘送客還

贈饒文卿

老作諸侯客高懷與衆殊隨身一劍在對酒片雲孤白社歸何晚青山看欲無年來翻愛靜時與道人俱

送諶笠山之粵

之子忽言別征帆指粵東關山成獨往身世信飄蓬古驛蠻煙外秋濤野寺中衡陽無過雁鄉信若爲通

六月初二日吳雁舟招予及黃蓉瑞飫勤昆仲集

碧湖亭餞常秋曹石鄰入都

羣公方餞別余亦出林行高閣一尊酒扁舟萬里情相期存古道不用恥微名誰道長安遠南風五兩輕

懷周變墀蜀中

不見周公子相思又幾秋可堪千里別還憶昔年遊湘渚木初落巫山猿夜愁遙憐望鄉意未敢倚高樓

題羅脃甫石潭別墅

泉石殊清曠主人幽與宜秋荷新雨後高柳早涼時月出虛齋靜風來曲院遲茲遊樂不淺還與菊花期

重過楊家橋二首

寂寞桃花無主開舊遊回首不勝哀傷心二十年前事曾爲阿爺買藥來

照水朱顏半已凋春風依舊柳千條棲鴉數點斜陽裏不忍題詩過此橋

夜遊袁叔瑜瑤華山館

懷抱鬱不展城居多煩喧念我同心人日莫遊茲園路滑蒼苔滿蟬鳴綠陰繁荷香散暑氣皎月懸清尊意愜感長往喻盡理孤存結念屬雲海鼓枻浮湘沅乘煙共遐舉棲鶴息營魂長謠空明際佳期與子敦

六月二十八日出小吳門沿溪行至龍潭宿李眞

入廟書寄陳伯嚴羅順循

城居苦炎鬱出郭忽超曠雲霞煥朝輝山水發清尚搴條息綠陰援蘿陟青嶂麋峯遠崢嶸龍潭晴蕩漾仙館棲百靈崇臺越諸障吹萬理自齊得一神乃王心迹貫沈冥世情任欺誑松喬去已遥余懷誰與亮

顯宗居士竹蒲山房小住

林巒含瞑色樵徑罕人蹤寂寂一蟬語蒼蒼萬木重寒泉生斷壑涼月透疏松愛此草堂靜惟聞野寺鐘

贈黃大蓉瑞

萬古傷心淚誰能共汝揮惜花情眷眷對酒思依依祗

應聞道少莫恨賞音稀東山白雲裏期君共採薇

古意八首呈寶覺居士

孤雲匿神照衆鳥焉能窺一爲下界霖惻惻使心悲黃鵠不與侶青松時見譏物我既不等毀譽情無移朱門雖自榮視之如茅茨悠悠千載上道林眞吾師

丹桂生幽巖歲莫懷苦心微風發馨香清陰結高岑皋蘭云可恃奄忽霜露侵因之慕高潔願與棲深林

皎皎牛女星盈盈隔一水凝昏被四野機杼亂誰理團月吐清輝燭物無表裏浮雲一以蔽歲莫情何已

矯矯雲間鶴泛泛水中鷗浮沈雖異趣與世俱無求如

何尉羅者山澤亦窮搜奮翅起高飛豈不念同儔願與
神風會逍遙俱遠遊

西山有嘉樹華葉何葳蕤芬芳不終朝摧折委路歧行
人爲躑躅飛鳥爲鳴悲本微擇地明今日當怨誰

孔雀從東來結巢瓊樹顛音響一何妙毛羽一何鮮棲
遲戀美蔭弋者何其便一彈墮雙雄一雌飛不前悲鳴
作人語覆卵幸見憐

寡鵠將三雛歲晏未遑止斂翼方徘徊忽有金丸懼三
雛羽未成一身豈能顧念此痛中腸涕下零如雨

人生處一世樂少苦恆多童顏忽已改不忍見恆河故

人棄我去零落歸山阿而況骨肉情哀痛當如何

望湘樓晚眺

雨後雲猶濕高樓望若迷亂帆湘渚北落日橘洲西獨鶴棲難定饑烏晚更啼憑欄何限意惟見月淒淒

禮岐山恆志老人墖

西風一蕭瑟落葉滿秋林碧蘚侵階長青松覆墖陰空聞遺教偈誰識不傳心獨禮虛堂月無言淚滿襟

秋夜寄友人

蹉跎二十載學道竟無成白社聚還散青山期獨行秋階百蟲響午夜一鐙明茲意共誰語寥寥憶友生

題袁叔瑜悼亡詩後

傷心篇有此而我亦悽然愁絕哀蟬曲淒涼錦瑟篇鸞煙縈舊夢夜雨入孤絃可恨空閨月秋來分外圓

贈別曹悟生

與君一日住交勝十年深正契水雲性其如江海心涼秋悲落木湘上惜離襟惆悵高樓笛偏吹出塞音

九月三日陪寶覺居士吳雁舟謁衡嶽廟舟次昭潭微霜襲林初月吐曜欣然成詩

昔余癖雲水靈嶽屢瞻謁別茲勝侶延幽興益清發江楓色始丹澤蘭芳未歇輕舸漾漣漪逍遥度城闕神風

揚驚濤坐臥忽超越羣嶼互向背頹陽屢明沒汀火亂
繁星渚煙媚寒月水宿聊淹留眞賞在林樾

登空泠巖和杜工部次謝靈運七里瀨韻

舍舟運神遊登棧眩奇眺洲渚屢旋復巖石咤危峭雲
竇滴餘潤洞隙納微曜鑿險若神工履陰疑鬼嘯遺物
奏立功觀空得要妙既愜青霞心豈顧白衣誚黃屋羅
英靈滄洲隱漁釣取舍各有宜殊音自同調

舟中呈寶覺居士疊前韻

運心泰冥遊流目縱遠眺浮杯歷㵼洄攀蘿陟奇峭客
塵方外遺神光發內曜既杜毘耶口亦薄蘇門嘯辯河

息諍訟理窟得玄妙南嶽爲我湧北山豈余誚四海納
微漚六鼇歸一釣請謝河伯言爲君彈此調

舟中望嶽用謝宣城將遊湘水尋句溪韻

輕舟縱洪濤迅若挾兩螭將探靈嶽異結念南山垂葱
汀朶芳蘭倚棹弄清漪風厲帆逾駛石激水分歧雲樹
紛漠漠煙岫影離離興因三秋發賞逐九面移赤蓼擢
風條朱果耀霜枝自契中觀理寧爲外物縻誰動臨川
歎逝者有如斯

步月至嶽市

連辰倦水宿舍舟果幽尋夕景淪西岡微月吐東林鐘

鳴獄市近犬吠寒煙深興來神無疲事往感在今素髮驚始見青陽不重臨哲人去已遥慨然傷余襟

登祝融峯

不盡雲海胸焉壯平生觀明發犯霜露豈不憚嚴寒羊腸既曲折鳥道亦旋盤俯窺懼霧豹仰視慚風翰振衣一長嘯誰謂行路難憑高豁遠眺天地青漫漫洞庭畡素練滄海躍紅丸遥川六龍舞遠岫千鬟攢星辰爲我珮雲霞爲我冠嶽靈覘余笑招邀敦古歡迴瞩人間世喟然起長歎

尋蓮峯方廣寺

佳辰展宏抱超然運神足策杖循荒塗披蘿人深谷林隙漏微陽苔磴繡古綠丁丁聞伐木隱隱辨麋鹿巖高岫重疊澗曲水洄洑陰壑蓄雲氣深洞伏龍毒經臺構嵐岑精蘭闢巖隩斷碣委荊榛空庭森梢竹梵籟綏歸趣羣動眩奇矚揮袂謝山靈賞心於此獨

宿石澗紫蓋精舍

山路倏已暝余意方適然攀巖眺落景倚樹挹飛泉旣歷煙蘿倦還就雲窟眠松林月皎皎石澗水濺濺觀聽兩俱冥寂照生空禪遊心太始初不知有物先

福巖寺

招提闢梁陳靈異屢棲託陵谷迭遷變龍象繼寥落寶
樹旣潛輝法源亦枯涸伊余乘微因聞道性所樂奈何
去聖遥譬如隔日瘧懷古情徒殷撫今念彌作高山空
仰止迦陵不可作

磨鏡臺禮大慧禪師塔

尋幽不憚遠涉險趣彌深峩峩丹鳳岡鬱鬱青松林誰
謂導師逝林木演圓音鞭車喻奧義磨鏡垂良箴我來
肅瞻禮法雲靄餘陰繞塔周三匝憩樹披重襟境寂神
來舍慮息理自臨終期滅聞見結宇棲青岑

禮思大禪師三生塔

至人久埋照靈關復誰叩玄風扇區宇神墖祕巖藪日骨何足云所貴道不朽三生寧爾始千歲豈余後借問幻化人知有眞實否

懶殘巖

巖巖山上石鬱鬱巖前桂峩峩神僧居蒙蒙芳草蔽象教昔陵夷如何隱智慧長謝區中緣高結霞外契寧從猛虎食不拭俗人涕望雲有餘思高風邈難繼

清涼寺呈本師一首

達人貴宏道獨覺非所論覺花馥心地智水湛靈源誓然大智炬永破塵沙昏拂衣舍衛國開講給孤園豈不

疲津梁彌憫四流奔喬嶽蘊靈異中有甘露門非賢豈能主惟德衆所尊人天一忻悅花雨何紛繁迦葉信小果慶喜慚鈍根荷法各有任嘉會何由敦聊勉自化志庶用酬慈恩

贈陳童子師曾

童齡具耆德頭角方崢嶸頻伽發妙響玉樹敷新榮道由聚沙植義以分梨成好古與不淺鑑物智自明善葆青雲器相期黃閣名

附陳童子和詩

天下多奇士山岡出蘭芝高禪志修已不爲世俗移

甘心守寂寞袈裟良足披苟非鴻與鵠焉能奮翅飛
閒居非吾願嶽遊爲子宜靈境絕妄念妙悟發新詩
感情亦何報援筆賡此辭

登碧湖樓

暝色起汀洲涼波吹夕愁雲垂洞庭野木落蒼梧秋歲
歲雁南渡年年水北流瀟湘無限意日暮且登樓

送曹五入都

寒風淒以厲孤鴻鳴不歇遊子欲何之離歌中夜發束
裝辭楚山揚帆向京闕洲曲望屢迷淚盡情不竭悽悽
澤畔吟皎皎江上月去住各努力毋貽歎華髮

贈無我道人

至人本無我所適無非眞和光五濁內獨能超其神識密賞愈寡照寂道轉新興來時染翰卽物理自陳悠然南山下自謂羲皇民

呈黃飫勤

江河流不息邱隴日崢嶸俯仰宇宙間了無一可營於心忽不樂涕淚爲縱横既嘆浮漚滅復傷流電驚勝因勉自植妙道兾圓成皈心大覺前所寶非榮名

招王午樓碧湖齋集不至

夫君期不至悵望使余愁竟以雞豚美而貽藜藿羞千

林空落日萬木已辭秋獨有沙頭鷺依依爲少留

訪瞿芷桓不遇

每過問童子長云不在家寒花空映戶高柳自鳴鴉欲
去意還駐行吟日已斜所思人不見咫尺卽天涯

重晤瞿海如

久別驚始見開言心自悲方君多病日是我咏愁時滄
海横流急青山獨往遲年來憔悴甚莫訝鬢成絲

夜坐憶龍大硯仙

夜深羣籟息靜坐入枯禪遥憶山中客聽鐘應未眠詩
成明月上花發綺窗前杖策誰招隱空吟桂樹篇

呂仙樓看紅葉期周郢生蔆生吳孟晉季澤昆仲不至

日暮秋砧急高樓野望時雲低疑欲墮帆遠訝行遲把酒問誰醉排愁獨賦詩坐看紅樹晚空與美人期

杪秋偕壽梅居士素蕉道香二上人遊麓山寺

麓寺經年別今陪數子遊野花寒更發庭樹葉先秋莫靄四山合西風兩鬢愁平生愛邱壑向晚此淹留

送王瑞徵歸蜀

青城何處是萬里一舟輕因念關山遠彌傷離別情嶺猿時斷續江鳥自逢迎歸看峨嵋雪毋為憶友生

送易懷清之長安

歲序已云莫胡爲獨遠征關河分夕照草樹入邊聲霜落黃山紫春回渭水清長安行樂地莫訝二毛生

蕭希魯歸自江南賦贈

憐君意不適歲晏復歸來欲問江南事其如庾信哀壯心猶未已華髮忽相催何用悲遲莫淸時方愛才

秋日得郭菊蓀司馬書

黃雲莽蒼雁來疏忽得秦中一紙書提劍十年爲客久論交廿載識公初荒煙古戍喺山鬼落日邊城策蹇驢聞道秋來歸思切故山風雨夢樵漁

自勵詩

驚風飄浮雲奄忽千里馳人生獨何爲守此百歲期春華不再榮努力及良時懷安聖所呰忍進德之基（佛經以施戒忍進禪慧方願力智爲十度）朝聞儻可遂夕死復何悲

劉山人希陶自都怱來齋集浩園卽席賦贈

歲莫苦無悰忽喜幽人來幽人罕塵事歲莫與我偕積雪皎素豔寒鐙煖深杯雲霞發藻思氣象何寥哉昔年江海客曠覽窮溫台餘情已飛越殘夢猶崔嵬憶余旅浙濱微尙謬見推良會信有時愫蘊今始開相期方外遊高蹈謝氛埃

八指頭陀詩集卷之三終

八指頭陀詩集卷四

釋敬安寄禪

雪夜過王彝臣都尉禮坤寓齋

風雪晚來急尋君獨叩門翻枝鴉有影入夜月無痕把酒自爲樂浮生何足論停琴一靜坐相對各忘言

麓山對雪寄程六子大

晚來天又雪吟榻此中安獨雀語高樹萬山生莫寒偶從初地住思與故人歡寂莫衡嚴下誰知有懶殘

寄題茗公南泉淨業堂

十年辭衆去垂老慕西方白髮歸心切青山引興長伽

陵朝演法珠樹夜流光遥憶經行處含情望夕陽

穆廟諱日讀吳侍御可讀遺疏二首

鼎湖龍去日歲莫獨愁時已失中興主長留四海悲西風　惠陵晚落日薊門遲欲共忠魂語含悽祇淚垂

國步艱危際孤臣涕淚中前星虚帝座　七廟起悲風丹檻攀無及蒼梧怨不窮萬方同一哭誰復殉遺弓

張嘯石歸自閩中賦贈

故人忽以至握手思依依已作三年別新從萬里歸且尋舊社約莫恨壯心違時事嗟何補青山共息機

送陳居士麓岑歸里

畢竟誰知已逢君長不言甯從遠公社恥謁信陵門不惜千金散誰懷一飯恩天寒歎歸去風雪滿江邨

題十竹君軒 戊子

幽軒種十竹孤冷與君宜把卷常枯坐逢人欲語遲雜花初滿樹春水始平池乘興惟須飲毋爲嘆鬢絲

二月朔日舟次桐溪精舍夾岸桃花迥非人境

達人貴懸解胡爲自羈束辰興梵課餘理棹湘江澳日華釀朝温春波生微綠南陂煙忽開西麓翠可掬晴鳥喧芳洲夭桃媚幽谷靈境絕攀緣妄迹競馳逐息心此戾止何用昇喬嶽

桐溪禮暗燈覺道二公塔

嚶嚶春鳥鳴汎汎夕流逝倉卒一紀餘哲人繼彫萎巍然窣堵波荆棘忽以閉悲來匪由識哀極轉無淚既懷寂滅樂彌念形骸累雲霞暖餘映竹柏凝寒翠金棺一埋照水石徒清麗

辭上林寺法席呈法門諸公一首

大道久淪没賢聖亦肥遁振興在來哲余也誠不敏遲迴一載餘顧瞻忽自哂猥荷高明知未證無生忍揮袂謝浮雲乘流逐驚隼永絕白社遊逝隨玄豹隱平生煙霞心庶得巖下泯去住各有宜愚懷或見憫

將緣湘水探九疑諸勝慨然有作

閒居豈不樂心恆懷百憂春風來何時洲渚綠已稠因辭紺園侶高唱蒼梧遊暫與塵境違忽令耳目幽雜英何紛紛棹歌亦夷猶仰視孤飛鴻俯瞰近水鷗感此遺世慮道在復何求

湛湛湘江水亭亭衡嶽雲重華去不還千載愁人魂春竹染淚迹幽蘭徒清芬聖遊豈可追九疑尙嶙峋逝將掇瑤草永用秘吾神

擬古一首獻海公

時雨潤八表誰謂澤不周日月光兩儀焉燭重巖幽人

生昧前識萬事難豫謀賢愚旣竝世涇渭亦雜流何山無蘭蕙荆棘敝以稠達人竟何施守道固不憂立觀物寧滯神解智自由逍遥寂寞濱身世猶虛舟

○之九疑緣湘行夾岸峭石飛泉蒼藤古木書寄陳伯嚴羅順循并柬雁舟蓉瑞昆仲

唐虞去未遠高步猶可追方舟溯三湘夢寐懷九疑神飇從東來仰視飛雲遲洪濤鼓巨壑陰岫無開時蘭蕙吐芳氣松柏挺高枝幽鳥出谷鳴孤獸索羣馳念茲山川遠貽我友朋思勝遊不克偕中道使余悲弔影千巖間慨然歌此辭

山行有序

山行既暝遠望茅茨隱約林表援蘿上一道者出貌甚癯揖余入具野蔬共啖不交一語禪誦自若時斜陽告夕皎月在窗輒題數句以娛良夜

松風始微動山鳥猶未鳴有客資神往高咏發幽情荒塗莽荊榛樵牧亦罕經靈源窮欲盡忽聞雞犬聲道人歡客至佇立候柴扃設食羅野蔬志意殊眞誠曖曖陽已微皎皎月孤明心境兩俱寂泠然契玄冥

過衡陽退省庵

日落瀟湘晩重過舊草堂幽篁多美蔭老樹發奇芳短

髮心猶壯扁舟意自長獨憐江海去未待晚菘嘗

東洲訪江肇甫山長

有鳥鳴喬木起余求友心浮舟度煙水策杖入雲林小閣焚香坐清言見道深欲移石床近還就綠蘿陰

謁黃庭觀

偶乘獨往意來謁魏元君谷暗松杉合天清鸞鶴聞靈芝含秀色仙石繡苔紋坐久諸緣息晴空生片雲

訪福巖寺立妙上人

古路逢樵問蒼茫萬壑雲偶尋高隱士重禮祝融君樹老無年代心清滅見聞浮名累人苦煨芋莫輕分

花藥寺

花藥阿蘭若重來二十年紺園空宿草碧殿鎖寒煙零落嗟今日艱難憶昔賢瀟湘無限意惆悵夕陽邊

贈易與凡

拔劍高歌對酒巵酒酣爲說戍邊時夢隨關月還家遠馬踏河冰出塞遲青冢至今餘漢碣黃沙終古陷秦師憐君萬里封侯願贏得西風兩鬢絲

秋夜寄張聽侯仲卣昆仲

高枕不成寐孤鐙暗忽明一身常足病萬事易關情夜雨愁仍滴草蟲寒更鳴故人今夕夢誰與話平生

送周魯衡之華容

送君不忍別攜手暮雲端湘上雁初過洞庭波始寒茲行忽異縣誰與結同歡卽此堪惆悵休歌客路難

贈周生

滿眼風塵色憐君獨此過浮生同旅泊失路未蹉跎誰道朱門貴其如白髮何幽棲吾所願還與覓煙蘿

邊將

白首尙談兵恩深任死生大旗翻亂雪歸馬怯空城漢將日寥落匈奴掃未平黃雲連朔漠辛苦且長征

歎逝詩

西方有佳人灼灼桃李姿言論吐清芬顧盼生光儀良
辰恣遊宴不惜千金資馳車五陵道豪貴相追隨自矜
常美好歡會無窮時一朝隨物化萬事徒傷悲神識尙
未泯高墳已纍纍念此五內熱涕下如綆縻

雨後秋懷

山中一雨過池樹早涼生坐石忘朝夕看雲憶弟兄歡
愉猶昨日寥落不勝情寂寂千峯裏惟聞猿嘯聲

日莫過何棠蓀廣文宅

塵喧忽以寂籬落似深村雁度斜陽外蟲聲秋草根霜
畦寒菜色茅屋暝煙痕近市亦成隱何須入鹿門

朱嶽舲員外輓詞

寒霜肅以厲蕙草亦隨萎人生無貴賤黃泉盡來歸榮名雖云寶神識安能知惟德乃不朽千載常如斯哲人抱幽衷滅智甘棲遲作善匪望報處盈恆若虧艱哉憫物情至死猶依依鸞鶴既高翥緬想平生儀永爲國士歎長貽鄉閭悲營魄儻見存鑒此薤露詞

寄懷陳庚山江南

秋風吹白蘋遠望一傷神天地正搖落江湖憶散人經過桃葉渡自惜柳枝春借問南朝事誰歌玉樹塵

送周彥昇歸通州

開福古蘭若相逢話落暉清遊曾幾日惆悵忽言歸湖上秋山晚淮南木葉稀送君臨極浦惟見片雲飛

與表兄張五話舊

天涯一分手相見十年遲親舊復誰在悽然心自悲與君俱老大忍話少年時明日拂衣去青山何處期

送友人歸淮上

曉風吹雨過兩岸荻飀飀淮上君歸去江南我舊遊不堪聞落木俱是有離愁寄語故人道別來今白頭

詠懷詩十首

昔余慕靈異南遊經九疑復泛蓬山舟遠與浮丘期隆

冬草木茂朱華何葳蕤湘靈拊瑤瑟海若揚桂旗仙人
隔煙語貽我瓊樹枝云此最吉祥佩之忘憂思長跪謝
仙人此物非我宜
我本自在仙一念落人間人羊既更易識性亦推遷捨
身復受身來去如輪旋白骨何巖巖高於毘富山已忍
多生慟樂土何由還
疾風揚波濤起滅無端倪波波相續流甯復住斯須嗟
余久沈淪泊然無止依眞源失湛寂誰能鑒淵微
步出城西門高墳何纍纍年深墳土裂白骨委蒿萊墳
傍哭者誰云是白骨兒生既爲死泣死亦待生悲哀哉

億千劫無有淚絕時

弱齡逢喪亂田園遂蕭條坐爲衣食故豪門屈見招顧
無五斗祿甯折壯士腰拂衣謝城闕高步淩風霄金仙
雖云遠靈鷲倘岩巢超然方外遊永用泯塵勞

去歲展先塋路憩桑樹邊村老向我言此桑齊汝年汝
父昔在時耕此桑下田人牛今無迹茲意復誰憐感此
不能語涕下如流泉

余生秉微尚塊獨甘雲棲幽涂盛荊棘蘭蕙何離披鴟
鴞相叫嘯猿狖復鳴悲眞如既不變萬有徒紛馳將捨
有漏身一飽豺虎飢

吾欽忍辱仙運心仁且慈手持如意珠百劫行檀施宏法亦已勤六師謬見疑冤親普平等焦芽同時滋智果旣圓成永爲天人師

少讀高僧傳抗志希遠公澄神五峯表滅影二林中遲回虎溪月緬想劉雷蹤斯人邈千載蓮漏猶未終涔涔潯陽潮汩汩恨何窮

我聞安養國賢聖俱棲遲講堂極壯麗行樹相因依湛湛七寶池矯矯珍禽飛金繩界道明天樂隨風移衣食應念至不假人力爲文殊旣戾止慈氏亦來儀長揖三界苦永絕四流悲逝辭五濁世金手引同歸

九日寄程子大丞順

今日登高處何人共舉杯寧知風雨夕忽有脊令哀鄉信愁中斷蠻雲瘴不開殊方爲客苦歲莫儻歸來

湘上吟

江寒楓始落天遠雁初來古木雲中出青山雨後開城臨賈傅宅秋冷定王臺日莫湘江水如聞鼓瑟哀

靖港紫雲宮明淨法師建鏡湘樓成宴集道俗王先生壬秋爲之記余以事不與作詩寄題

靖港古屯戍熊湘資咽喉帆航接洞庭津鼓連橋洲開士審其要排雲建飛樓秋霞澄夕陰月影碎川流良辰

集道俗廣座羅珍羞奇文耀華藻玄論豁昏幽茲會吾不與情往如同遊川塗咫尺間來去千萬舟取意各自適謝彼波中鷗

崑崙篇

醉臥崑崙石萬年爲一曉覺來觀蓬壺羣仙迹如掃碧海揚驚沙白雲抱空島悵然懷舊歡無心掇瑤草

過賈太傅故宅

三載棲遲地堂空夕照斜賈生去已久庭樹尚能花夜雨嘑秋鬼靈風集曉鴉淒然芳草歇懷古一長嗟

呈義甯廉訪

達人抱玄朗風誼宿所欽經綸乘運啟珪組非公榮湘衡美餘蔭河浙騰英聲任鉅志方展才大訪易成解韁遂初服屬念在巖耕　明廷眷高義迴車遵王程黃河不可渡濁浪何崢嶸顧瞻斯民艱彌傷遲莫情忘懷道益重適已物自輕請從邱壑遊聊用謝浮生

擬謝康樂維摩經十譬讚八首

聚沫泡合

覺海性元澄云何泡沫聚境界風所吹虛壑自相鼓認漚豈全潮識流匪異體誰為達觀者真源亦無取

燄

晴虛本無翳陽燄何由生擾擾甯暫住渴鹿徒馳情眞空任起滅明性無減增智者鑒其微元同一見精

芭蕉

芭蕉本佳卉綠葉方叢生內心匪堅實外觀亦清英未霜已零落誰憶昔時榮

聚幻

幻聚眩流目衆巧歸我神能爲城郭狀亦現男女身愚夫昧取捨橫復生愛瞋逝者復如斯誰言此非眞

夢

孰謂識性同同寢各異見妄境故無恆眞如了不變夢

覺俱强名好惡誰與辨哂彼執著人倘爲浮物戀

影響合

大道寓影響誰復知此理是中無實性羣有妄相似本自絕名言云何立彼此運心平等觀一任空華起

浮雲

浮雲匪定質變幻誰能測氤氳翳太虛飛散窮頃刻合潤若有施觀空了無得前塵雖云妄轉用資神識

電

寥寥天宇廓流電時一驚奄忽不可見神迅誰與倫狂心儻可歇智眼自圓明勿用世間想貌彼虛空情

西方三聖讚三首

無量壽佛

猗歟無量壽正覺果圓成數劫恆沙前法藏流英名懷道薄欲樂棄國遺尊榮既揚精進幢復轉大願輪莊嚴淨妙土智者忻往生本無二乘器甯有三惡情痛念沈淪苦未聲涕先零願垂白豪光鑒我皈敬誠

世音菩薩

法忍曠劫無惡心尋聲拔苦蘊振海吐元音甘慈雲生遠陰妙覺誰與證圓通聖所欽逝隨神風往逍遙洛伽岑

大勢至菩薩

三祇嚴智果神悟忽以超虛空旣消隕大地亦動搖舉足越沙界迅若乘驚飇寶光燭身根塵垢應念消

鄭州河決歌

嗚乎聖人千載不復生黃河之水何時淸濁浪排空倒山嶽須臾淪沒七十城蛟龍吐霧蔽天黑不聞哭聲聞水聲　天子宵衣起長歎　詔起師臣出防捍帑金萬鎰鎮洪流黃河之工猶未半精衛含愁河伯怒桃花春汛益汗漫明廷下詔罪有司有司椎胸向天悲吁嗟乎時事艱難乃如此余獨何心惜一死捨身願入黃流中

抗濤速使河成功

題王尊農觀察臺警夜渡圖二首

神州論險要臺嶠信孤懸海闊魚龍夜心傷戰伐年曾聞木𪖐渡竟過水雷前虎穴身能入英風尚凜然

小醜甯難滅王師豈在多初傳橫海捷仍許郅支和太息撥邊詔空揮返日戈披圖話陳蹟悽惻漢山河

八指頭陀詩集卷之四終

八指頭陀詩集卷五

釋敬安寄禪

余所居羅漢寺前有方塘一畝蒲柳交映荇藻紛披尤多菱實向無蓮種今夏紫莖綠葉無因自生照影千花彌望五色信象教之嘉祥亦淨業之冥感也因名曰瑞蓮池爲詩以紀之 己丑

湛湛方池水芙蓉未肯生如何污泥中一旦吐芳榮清氣遠逾馥妙色難爲名豈伊神所誕非余德之馨援筆紀嘉瑞聊用悅羣情

修上人禪房訪程商霖不遇

孤城臨水斷野寺向江開偶訪靑雲客言尋白社來空
齋寒莫雨遠岫隱輕雷獨與山僧別扁舟泛月回

六月望日同白香翁游江甯初發衡陽作

丹鳳棲南岳高唱莫與同感彼求友聲振翼淩遠空爰
觧山澤居翺翔大江東伊余忝陪從茲遊冀奇逢大壑
玩洪瀾名山蔭茂松將隨性所適誰云吾道窮

七月十九乘淮慶輪船發長沙

涼風改炎序明河澄素秋開襟運神往時哉不可留飛
輪下荆吳解纜觧橋洲波濤吐洪音靜聽心悠悠千里
坐超越神迅罕與儔委懷於元漠非但美遨遊

洞庭

島嶼連巴蜀風濤界楚吳水長帆影怯天遠雁聲孤落日自明滅遙山時有無黃陵秋草徧何處是蒼梧

洞庭舟中次白香翁原韻

洞庭信云廣茫茫吾何向激電越洪流忠信宿所仗風雲忽異色波濤自相盪空碧澄遠流虛翠潤寒嶂遊龍喜深潛翔雁悲寥曠伏枕聆驚瀾憑虛玩秋漲派分九江遙氣接三山王返觀契靈異心目得融漾

望君山

洞庭秋望水冥冥猶是君山一髮青今夜重湖波浪靜

月明吹笛弔湘靈

黃鶴樓故趾

寒霜淨汀洲微雲霽江城黃鶴雖已去人猶愛其名同居欲界中誰云得長生烈火焚崑崙頹然無遺楹徒想瓊樓麗詎聞鐵笛聲朝霞散餘綵秋月懸孤明羽人復何歎太上在忘情

禰衡墓

漢道昔淩遲奸雄據要津賢達不任世明哲思保身哀哉禰正平殺身豈成仁羽毛既為禍文彩安足珍我來荒洲上懷古薦芳蘋秋草萋復綠千載為沾巾

伯牙臺

至理本無言至聽本無音誰能返耳根聽弄無絃琴子期雖復生曷由知我心日莫臨高臺寥寥獨行吟眞趣貴自賞浮響非所欽

望廬山

縱棹隨神風浩蕩洪波間引領望廬嶽悠然開心顏秀色信難名靈氣吐自然五峯媚雲表巉絕誰可攀緬懷遠法師高步太元年陶謝尙返駕澄什甯比肩千載沐餘潤猶能洗塵緣瞻霞想神足臨流哀逝川立棲儻可必妙蘊當能宣

湖口弔高伯足

高生才調冠三吳為問人間尙有無今日卻過湖口縣
亂山無語夕陽孤

小孤山

眾流滙巨壑孤岫刱中川猿鳥墜絕壁宮闕基層巔蒼
翠自成娟丹霞不能鮮翔仙契幽鳥潛虯玩神淵朝雲
氣靄靄夕月影娟娟既愜方外趣彌薄區中緣莫咏涉
江操當知捨筏賢

九華山

九華實仙都重巖蘊神宅弭棹倦驚濤瞻雲慰良覿遠

抗廬霍高兀若星辰傴霜鐅流曉丹秋巒散遥碧遠近生異容天山共一色伊余慕肥遁逢山愜幽寂徒眩耳目奇未就煙霞息思欲御泠風扃由生羽翼立闢寧我扃靈境冀孤歷

東西梁山

江南鎖鑰扼雙門一樣青山各自尊莫恃當關能據險秣陵風雨共誰論

莫愁湖

湖上微風拂檻清行人猶愛莫愁名鬱金零落芙蓉老簾外月明秋水生

鍾山經誌公塔院

蘭若居高處孤遊愛晚登長松夾亂石峭壁走枯藤獨禮空山塔惟餘古殿鐙如何雲窟裏不見六朝僧

夜遊清涼寺登掃葉樓（樓爲昭明太子讀書處）

一磬墮冥翠高樓倚月明天空憐雁度山靜覺寒生雲氣迷鍾阜秋潮撼石城時聞清梵發還似讀書聲

妙相庵

百戰無殘壘巍然獨此存古藤猶鐵色舊碣尚苔痕有相能逃劫無爲道益尊臺城落日裏多少未招魂

送台州太守戚梓臣歸里

達人慕肥遯解組遂初心白首辭台嶽淸風歸舊林只憐飛鳥倦未許入山深暫向谷中隱黃鸝有好音

贈張文叔

張生信奇特亭亭靑霞姿韜光衡門下世俗焉能知嚴霜悴衆草孤松卓高枝積善雖云吉行道亦有時但守固窮節毋爲歲寒移

贈劉康侯

劉公本華胄而無紈綺情在衆恒守獨處盛能遺榮忠義雖自許肝膽爲人傾域中蘊奇氣海外馳英聲論交愧余淺未得盡平生凝神吐微詠聊用寫丹誠

贈陳昺秋

陳侯眞坦蕩少年擬高科驅馬出京門意氣淩三河雄劍一奮擊海水爲不波日月揚光采丹鳳鳴相和求賢何必廣得士豈在多幽人愛奇節雲中發嘯歌

贈唐召皆

唐君性幽靜和靄抱沖襟微言吐玄理淸風穆重林旣振金門策亦愜靑霞心誓飲廉泉水甯憩惡木陰孔墨道一貫至聽無異音苔岑諒同契歲莫當來尋

陳昺秋還湘賦贈

日莫千門靜天空一雁飛那堪異鄉客復送故人歸建

業孤帆遠楚江秋雨微禪心本無住何事欲沾衣

送黃茂才歸長沙

西風吹莫雨忽作北窗涼當此悲秋夜聞君歸故鄉洞庭方落木震澤始微霜千里豈爲別同茲明月光

重遊天童寺

不到天童寺悤悤歲六週甯知孤衲影復入萬山秋照水驚雙鬢班荆憶舊游平生輕去住此別意悠悠

過徐酡仙墓

落日荒村裏來尋處士墳儻君猶在世與我細論文挂劍嗟何及遺琴愴欲焚平生知己淚霑灑向寒雲

甬江與李子仙茂才話舊

六載江湖別相逢鬢已班故人悲宿草（謂屠纖美馬文齋諸君）往事話空山有淚皆成血無家何處還天涯重分手戚戚慘離顏

哭與了和尚二首

憶昔俱年少岐山問道時看雲同杌石洗鉢共臨池暫指青松別仍爲皓首期舊遊今寂寞回首淚如絲

五月瀟湘岸含悽送汝歸那知揮手去永與賞心違世事嗟難定浮生念轉微門前雙杏樹猶挂舊禪衣

雪竇妙高臺宴坐有悟

靜坐忘言說泠然契此心莫天孤雁影滄海一龍吟妙悟有超越曠觀無古今獅絃空自鼓華嚴經云如取獅子筋為絃鼓之衆響俱絕誰為賞圓音

十二月二十八日由浙歸衡陽羅漢寺示衆

吾道難諧俗寒山祇自歸詎思滄海事終與素心違絕巘宜雲臥長空任鳥飛惟憐陵上柏寒翠映余衣

庚寅正月十一日與旨密清虛妙智法林諸道人飯修庵主廬二首

偶攜紺園侶來扣蒼巖扃江霞澄遠影松雪墜寒聲同飧香積飯靜禮佛名經泠然鐘梵寂復踏漁歌行

山寒草木瘦苔沒虎豹蹤始憐人境隔惟與川途通幽岫蓄新翠春橋卧綵虹了知真諦義不欲強言空

正月二十六日由衡陽至長沙四首

孤舟仍遠涉落日悵離羣寒嶼明微雪春波聚細紋乾坤信虛棹身世薄浮雲自笑平生事旁人未遣聞

高枕滄江夜凝情默語時往來徒自苦天地欲誰私細雨孤帆溼寒鐙春夢遲百年猶旦莫擾擾復何之

野寺鐘鳴寂江皐水氣沈曉星寒欲墮旭日暖初臨大覺誰能證廬空不住心欲知清淨義試聽棹歌音

江鳥還迎櫂山桃又發花近村聞野碓隔水辨漁家祇

訝春來早那知鬢已華渚雲開復合何處是長沙

次豁然戒兄見贈元韻

悠悠長沙道一別十七載相對鬢毛斑似覺山河改榮名詎爲寶愛結誰能解太息同門者而今幾人在

法林小師禪靜圓修詩以美之

亦知身是苦妙解道爲尊諸妄消欲盡一眞默自存霞峯澄異綵玉樹秀靈根莫秘牟尼照須清濁水源

二月十五夜偕吳雁舟曹東瀛梅訪黃孟樂仲長兄弟呂仙閣翫月時東瀛將同雁舟北征賦詩言別因和之

佳人美良夜秉燭來虛堂飛甍麗丹霞登覽延清光圓月吐華曜嘉木森成行春城蘊煙氣汀火生微茫憑虛發長嘯意興何悠揚浮雲忽以至乎陰合湖湘變幻在須臾神識豈能將聞君碧雲唱感彼明月章清暉詎恆滿勝游那可常誰云江漢廣我心與之長安得忘憂草植茲衡山陽

送吳太史嘉瑞入都 有序

庚寅閏月雁舟太史北征臨別殷殷彌眷法侶追思昔遊不能無述夫出處一也苟得發揮宇宙彌綸彝憲即事明眞何在非道豈必空山迺

證圓覺昔人篤念友朋於其別也每有贈言顏仲之賢奐乎尚已秦漢而降厥名詩詞蘇李河梁匪直五言之濫觴抑亦贈別之初製也貧道不學夙承雅契把臂兮談已彌年載一旦遠適能無黯然猥撰俚辭藉鳴離悃匪敢希蹤曩哲亦日勉崇明德云爾

幽人滅百慮眷茲求友情疇昔支許遊不異弟與兄論道冥孔墨結志感精靈去住隨所遇皇路忽遄征有如共命鳥一旦發離聲羽翼臨當乖浮雲勢難停丈夫既許國豈容戀巖耕黃鵠一遠舉高飛入蒼冥顧瞻舊時

傳能不懷悲鳴神契亮勿隔萬里猶戸庭努力事明主況乃值時清振𥎊躍中天塵垢霄外嬰爲君樹松桂念彼隆冬榮

題神鼎洪湮禪師道場

傳聞軒轅氏鑄鼎茲山巔草木靄深秀水石澄淸妍汨渚流足底洞庭横眼前望遠意無限登高心自憐精藍虛結搆鐘梵益淒然洪公寂已久妙意誰能宣

酬黃夔修履持二童子詩一首

嬌嬌雙鳳雛和鳴多好音含靈徵明德垂綵耀高岑修篁吐奇實孤桐結清陰托身旣得所羣鳥皆欣瞻毛羽

雖未豐詎測後雲心援筆頌英芬聊用答清吟

題長沙上林寺藏經閣詩 并序

上林常靜法師一眞內蘊四德外流摩尼智鏡娓茲圓照苾芻芬利方其柔潔爾憫大法陵替微言將墜以光緒十五年持錫入都參求竺典宰臣福錕公嘉其梵行以狀上聞報可并錫
純廟御書聯語鎭護山庭隆道宏宗邁於往聖明年五月龍藏南旋洞庭駐波衡嶽凝翠甯謂頹流覩茲殊勝因製伽陀用紀法喜

金容一西逝大法遂東流昏衢賴智炬愛河濟寶舟長

沙古藩國騷客貧淹留應真亦戾止講肆如雲浮哀哉
二千年法運猶未周如何獅子窟今成狐兔邱禪枝日
凋謝念茲深余憂幸有智者誕定慧崇前修妙諦融真
俗平等齊恩仇乞食於京闕機辯驚王侯龍藏出天府
象教耀神州炎維賴以鎮篾戾為之柔讚揚安可窮聊
用紀因由

題常人吉居士默庵詩一首并序

居士和光五濁鼓椎四流抱質耽微順真達俗
息言論之諍澄寂照之契非夫前覺孰能證此
因贈以詩

至人冥知見高館越塵障寂默證元常妙悟釋言相內
心貴自契外物靡所尙聖解儻不存俗諦誰能証區中
得祕要焉用棲巖嶂

晨登雲麓宮望城中詩一首 并序

庚寅八月戊戌朔於麓山寺斷食越七日甲辰
漱齒鶴泉振衣雲麓俯視隔江城郭萬瓦明滅
流埃蒼紫時巖旭初晃松露猶泣頃之市聲隆
隆如聚百千蚊蚋一器中啾啾亂鳴所謂人我
貴賤同異愛憎汨於其間鳴躁情生智隔想變
體殊覺王遡矣誰證幽旨神會所及爰詠斯篇

淸晨警禪悟萬籟寂無聲振衣陟高岫林隙始微明遥
遥起煙火蒙蒙辨層城念彼氛垢中流欲多所營吾生
亦有涯所願學無生仰睇碧虛際悠然適余情

秋懷詩二首

秋風吹涼波寒蟲響哀音念此時節易變來曷能禁萬
物靡恆盛二毛亦以侵平生五嶽志不復果幽尋俯仰
一室內孤彼巖岫深望雲資神理撫事愧初襟逝返元
冥棲庶契妙明心

我聞大雄氏常住靈鷲峯法會猶未散道樹仍靑蔥淨
穢信懸隔精誠亮可通默坐運玄想恍與眞儀逢金手

垂接引寶鐸霽昏蒙將隨神足往念彼樊籠中凡流不俱濟聖遊安可從

麓山秋暝

碧天澄莫陰霜月出未高孤雲無定適衆鳥各趨巢息此樹下影念彼塵中勞清賞莫余同良友詎能招幽途成獨往一心爲神交

山近氣恒寒不知天已秋涼颸入庭柯木落遠山稠猿鳥雜亂鳴逈覺館宇幽夜來新雨足溪水繞屋流眞想方在茲焉用尋丹邱

體雲和尚主席麓山寺詩以慶讚

虎岑吾祖席傳鐙喜有人遠飛雲外錫來禮定中身水乳相投合經過不厭頻終當卧林壑猿鶴共爲鄰

感事二首

寂寥湘水上身世共誰論落日青山遠浮雲白晝昏衣冠一時盛肝膽幾人存何日拂衣去千峯獨閉門

吾儕亦何事涕淚忽難收鶡鶡眞成孽江河欲倒流可憐豪俠氣虛作杞人憂鬱鬱夜難寐西風月滿樓

八指頭陀詩集卷之五終

八指頭陀詩集卷六

釋敬安寄禪

庚寅秋將歸衡山精廬次武陵陳伯濤見贈原韻

吟辭仙洞客歸掩嶽衡門靜聽寒猿嘯甯隨野馬奔松蘿堪作蓋山市自成村窺人夜月冷補衲晚風溫相期溪上石與爾話眞源

還山後寄伯濤次前韻

古木蒼藤屋幽苔映石門乍聞一雨過忽覺百泉奔果熟猴窺樹花明犬吠村田衣秋漸冷松火夜能溫鎮日疑情坐誰來問法源

觀田家春耕晚歸 辛卯

詩文小道耳壯夫所不爲而我酷好之豈非大愚癡儻隨大化滅榮名復何知辛苦一生內歐血誠可悲不如田舍翁終日百無思所思在隴畝風雨無愆期草稀稻苗秀眼前綠參差入秋望有成聊得遂其私但取衣食足過此非所須善哉淵明言力耕不吾欺

中和日與程睫園過東洲講舍邀雷小秋羅雲巖廖卓夫姚瑞麐游小羅漢寺作

春風一微扇草木含新荑佳茲微雨晴復與賞心攜鼓枻溯洪流揚帆便輕颸洲渚綠方盈霞彩垂光儀講肆

集羣彥嬌嬌鸞鳳姿蘭蕙馥其馨德義為之基洙泗若可接孔墨道甯疑其美紺園游同禮天人師明鐙皎智燄覺樹聳高枝境幽性所愜理勝情無疲良辰勿可諼頃耳希新辭

題增法師講堂詩一首

和風悅余懷縱步芳春林巖巒蘊靈氣橘柚垂清陰法師此棲趾精廬冠雲岑白業晚逾篤元根奧且深含花異鳥至聽講天人臨甯耽禪悅味當演迦陵音

方上人翹心淨域皎志元棲貽以伽陀旌其妙善

之子法門秀童稚即多奇語默存眞想定慧崇元基青

蓮何馥郁白圭無涅緇淪精水晶域掛魄珊瑚枝玉毫亮垂彩珍鳥當來儀洽風一沖舉長與五濁辭

二月丙申夕夢與一道士登天台華頂峯聽天風海濤覺而有作

不信越人語天台去路賒且攜滄海日來看赤城霞暫挹浮邱袂仍迴長者車覺時明月在失卻碧桃花

夢登岳陽樓觀湖中大雨作

天地忽異色元陰合一湖迅雷掀地軸高浪蹴天衢風雨作還止魚龍喘未蘇但令雲澤徧何敢怨泥塗

題法闍黎蘭若

古寺隱喬木到來心地清山河當戶牖樓殿出江城石潤知雲過松疏受月明了然人境外默坐契無生

岐山感舊詩一首 并序

余以同治戊辰成童薙草問道岐山初聞志老人說法如日照高山大喜温身不知門外積雪三尺老松僵折矣乃乞侍巾缾曉夕親炙於灑掃舂爨一身兼任同學數十人皆一時龍象惟資生艱難四事不具樹皮葢屋僅避風雨野蔬充腸微接氣息雖蛇皮横陳魈魅環露俱能以道自衛不之懼也余坐五夏頗有省發乃辭去

順流東下放志吳越山水間觀大湖十甲申秋捨筏還淵復經六載計別此山草木榮悴凡二十度志老人示寂十七年於茲矣今春重來訪舊存者十僅二三衰病又倍其半而余玄髮成素亦將老焉去時於仙人石上所植小松今枝葉扶疏上蔽雲日撫化沾襟遂成斯詠

弱齡喜聞道遥禮岐山師千里懷耿介中心如渴饑既入獅子窟始決野狐疑凝神入衆妙飛辯應羣機偶遂水雲性因與煙巒辭遠犯風濤險周覽海嶽奇游鱗思舊壑翔羽返故枝靈宇虛宏麗哲人久已萎顧余玄鬢

影滅彼青松姿深情抱孤慟幽淚徒空揮夢寐存眞契
恍惚昭容儀鈍根諒不棄請以龍華期

岐山禮懶放禪師塔一首 并序

禪師武陵人俗姓毛明末進士與母偕隱開法於此遺老多依之遇國忌日輒焚香北拜而哭本傳云爲賈客者乃師託辭其感舊詩有甘爲浮水萍不作附松蘿天地餘殘梗山河戀夕陽之句

浮雲一飛散寂寞支公房峩峩窣覩波中有靈骨香崖花潤新丹空翠朗餘光孰云神識泯道樹猶芬芳伊余

慕高躅隕涕向遥崗孤忠誰爲宣感歎遂成章

三月朔日於岐山與諸苾蒭結期坐禪越二七日

時有契悟喜而詠之

季春天氣佳和風送餘清林鳥宣妙語庭樹敷新榮芳時雖屢得高唱發道情誠衆除有漏尅期證無生隙塵朗清暘松月湛虛明一念成休復六用俱不行圓照泯能所神解遺身形將循八聖道永與元化冥

五月初九郡守周公偕衡清兩邑侯駕臨大羅漢

寺茶話

閒雲忽驚起太守勸農歸賞我林間趣來尋竹裏扉池

蓮經雨靜溪鳥掠煙飛坐覺槐陰午蟬聲動翠微

送饒三歸長沙

異鄉一分首日暮碧雲深重憶十年事論交獨此心舊游餘白社浮世重黃金送子孤舟別蒼波寒我襟

雷池晚眺

層巒忽已暝稚子語煙深欲問入山路惟聞流水音閒雲不出岫倦鳥自投林萬古雷池月泠然鑒我心

贈漱石和尚

漱公法門舊頭白卧青岑借問看雲意能無出岫心煙蘿身外滿歲月定中深不動廣長舌松杉演妙音

雨花林與諸道人坐月

幽情俱不淺夜坐話空林獨有靑天月能知碧海心草深寒露滴樹密早涼侵明日一揮手煙霞去路深

宿岣嶁峯感而有作

今夕復何夕草蟲忽已鳴寒鐙照淸睡秋月遞微明未滅靑霞想其如白髮生來朝飛錫杖又入桂王城

蔡紹先刺史寄九日登雁峯詩索和因次其韻

策馬天南第一峯知君豪氣逼元龍初聞鸞鶴九霄語忽訝雲煙萬壑封細雨樓臺生暮靄夕陽城郭度疏鐘良辰恨未陪吟屐祇隔秋山翠一重

湘陰郭侍郎挽詩

萬里生還入玉門孤懷寂寞共誰論空聞宣室求賢詔徒使乘槎問水源千載豈無公論在九州猶有謗書存安危得失尋常事好見　先皇拭淚痕

送曹使君之安南

安南南去三千里匹馬西風怯曉途象迹漫山連瘴嶺龍鱗繞日夢　皇都珠巖木落猿唬苦銅柱秋高海氣孤爲道　君王輕遠物不教屬國貢珊瑚

歲暮書寄楊九峯

山川當歲暮懷抱若爲寬榾柮供朝爨梅花佐晚餐苦

吟孤月冷靜對萬山寒門外長松色期君帶雪看

壬辰正月十二日謁郡守文公語及徐叔鴻侍御
是夜夢徐作此奉寄

洞庭冰折蛟龍宅高閣聯吟坐深夕驄馬遠踏　帝京
塵風雪年年憶疇昔衡州太守都中來語及故人心顏
開黃河北望不可渡惟憑清夢繞燕臺繞燕臺天欲雨
夢醒月落烏號樹與馬洲前春草生猶記停舟送君處

巾紫峯尋戴山人不遇

巾紫峯前路來尋隱者行林端猶積雪谷口已鳴鶯直
到棲雲處惟聞伐木聲煙霞雖可悅誰與話幽情

二月十日戴雨春見過清涼寺

每對南山雪思爲訪戴行那知成邂逅相與話平生饑鳥窺人語寒鐘送客鳴孤吟向明月惆悵綠蘿情

贈鄭衡陽襄三首

爲政風流復幾人山川揺落不言貧惟憐彭澤江邊柳猶是陶潛醉裏春

落拓江湖四十年祇論詞賦最堪憐春風細雨衡陽市爭識人間老鄭虔

鄭虔三絕久無倫薄宦生涯亦苦辛敢謂麒麟終在野莫吟鸚鵡便傷神清風過樹都成韻秋水爲文自絕塵

他日相期入林麓綠蘿分蔭著書身

李幼蘭明府招住上封寺詩以謝之

名山久寥落而我亦無能況是朱陵勝慚非白足僧幽棲誠可悅詩債豈宜增願乞青鋒劒爲余斬葛藤

湘鄉過曾文正里居三首

蒼然萬山色爭擁故侯居溪柳風煙裡庭槐雨露餘感時奮忠義得士在謙虛夜靜松梢月還如照讀書

山館肅遺像須眉凜若生桑麻今蔽野子弟舊談兵芳草侵階長春池趁雨平後堂扃綠野寂寞語流鶯

翊贊中興業勳名第一人恨將三代禮未使四夷賓宵

吁勞　明主艱難念老臣誰能繼雄略殞涕向松筠

訪舜若多曾居士董伯郎以言別

偶攜笻竹杖逺下祝融峰豈憶江南別還從嶽後逢喜聞談鬼國愁聽打詩鐘明日一揮手春山隔萬重

長沙重晤秦子質侍讀

不謂水雲身逢君亦有因別來如隔世喜極欲沾巾吟鬢俱生白巖花幾度春無窮滄海事不語亦傷神

秋夜懷設園居士

微霜下庭樹蟋蟀近牀鳴以此虛堂寂因之念友生疎狂存古道沈醉薄浮名遥想作詩苦吟髭白幾莖

送程校官之瀘溪

瀘溪此去三千里孤棹猿啼十二時想到蠻荒吟興發摩挲銅柱自題詩

懷程校官瀘溪道中

瀘水二千里愁君向此行遥憐泊舟處獨聽斷猿聲瘴氣易成雨蠻花難辨名五溪風月好莫動故園情

南嶽雜感四首

荆榛莽叢谷杖錫欲何之豺虎方爲患存亡未可知但持心似石不顧命如絲黍入名山住惟將古道期

太息朱陵勝爭將白眼看好雲多出岫幽谷苦求蘭木

落僻山瘦峯高逕日寒懶殘吾豈敢煨芋問誰餐

層陰合四野萬木已無枝雪重梅初放風微鶴到遲神宮羣鼠竄孤嶼亂峯欺歲暮情無極排愁且賦詩

藤蘿爾何物倚樹敢相纏只爲冰林暗霄窮覺路賢霜寒松愈翠雲淨月還圓七十二峯色青青在目前

臘月十五夜與魏公子謙賞雪作

幽人清不寐寒夜興偏長萬樹梅花色千家明月光仙風吹鶴語虛室度天香坐對南山雪思乘白鳳凰

雪霽送魏公子歸第

茶陵洞口夕陽明青草橋邊草欲生萬樹梅花四山雪

送君歸騎入春城

昭陵道俗請主獅子峯龍華講席作詩奉辭壬辰

倦鳥初還惜羽衣白雲心事與時違一枝已足棲余老懶向獅林深處飛

高山寺僧持啟敦請入院詩以卻之壬辰

了然塵事不相關萬壑千巖獨往還猶恐世人知住處何心更買沃州山

吳中丞登嶽即贈癸巳

置身七十二峯巔無復人間未了緣樵客喧傳星使至山僧猶枕石頭眠留殘聊撥鑪中芋煮茗遥分洞口泉

記取他年爲宰相莫言雲窟有枯禪

贈天上人

吾宗多妙德之子獨殊倫般若心精進禪那味苦辛青蓮方馥郁白業豈緇磷欲證無生忍深悲有漏因遥尋紫蓋隱近結碧蘿鄰紫蓋碧蘿俱南嶽峯名衆鳥窺齋鉢千峯繞定身浮雲觀世界流水淨根塵莫戀化城住終當轉法輪

七月初三西禪寺聽明果心法師講楞嚴經作此奉讚並呈天首座法林諸道人

澄什此結轍旃檀萃一林浮空無熱翠助梵有幽禽荷

芟消殘暑雲雷送晚陰三乘隆白業半偈賤黃金座上曇花現空中寶蓋臨羣沾甘露味大轉法輪音妙契車牛喻澄觀水月心冷然諸籟寂不受一塵侵

乞何詩蓀舍人畫吳越山水歌

何郎書畫天下奇書法乃祖畫法黃大癡求書差比求畫易求畫往往不與經年時偶逢佳士留眞迹陡覺茅茨石壁生光輝我有久藏越人所貽剡溪藤十幅請君乘醉染毫時一揮或寫天台石梁雁蕩龍湫之瀑布或寫太湖洞庭風帆來往沙鳥出沒萬頃之琉璃最好八月十六錢塘江上千軍萬馬爭擁雪山銀濤排空來猶

愛廬山眞面香鑪五老九疊屛風開儻能爲我一一皆圖畫吾當燒筍煨芋酌以美酒盈金罍何郎何郎甚勿十日一山五日一水使我拄杖敲門頻相催

方廣寺

古木寒溪一徑深尋碑蕭寺息松陰朱張祠廟秋雲冷誰會重巖踏雪心

高臺寺觀念庵松

高臺寒雪曉相過愛看松枝掛碧蘿珍重枯禪勤護惜念庵手植已無多

嬾殘巖

芋火巖高契嬾殘捫蘿遠躡碧雲端一聲長嘯空山月古柏蒼蒼生夜寒

已公巖

已公茅屋碧苔滋門外煙蘿絕世姿山磬一聲松子落經過誰和杜陵詩

答吳中丞問方廣山水

方廣蓮峯深復深黑沙潭水清人心籃輿試打雲邊過古木蒼藤野寺陰

輓桂陽州陳中丞詩六章

丹陛辭軒晃滄洲洽隱淪孤忠惟許

國直道豈妨身臺諫榮遺草封疆惜大臣憂時猶有淚
寂寞灑松筠
西望籌邊日東征拜
命初曾趨丞相府請上治安書文交忠洛公西事公請專任左恪靖嗣西路統兵各大臣績報遷調恪靖遂主征討底定回疆魏尚功能就馮唐計豈疏無人
知密畫史論復何如
明珠曾被謗失路阻歸舟戀
闕情何極瞻雲意自愁神龍旋赴感綵鷁即乘流正直
迴天顧還爲閩海游公東溜被議歸舟至濟甯州屬之十里鋪水涸膠淺禱於河神其夜
水漲三尺遂得暢行
未幾即拜閩臬之命

秉節臨齊曾從公廢寢興金椎隄孔固鐵路議休騰公撫山東專心治河躬督工役稽核浮冒有識開鐵路者疏請罷之青岱朝敷雨黃河夜渡冰勤勞為王事衰老至今倆

白首望仍重丹心死未灰似聞宣室詔不棄賈生才一病嗟難起千秋事可哀神棲復何處應是返蓬萊

雄略無由覩英靈耿未銷曾防廈門寇親射浙江潮公在閩修沿海礮臺備夷及撫浙改造南龍頭海塘重望德星聚其如大樹凋市人皆雨泣哀吹動雲霄

挽彭剛直詩八首

粵寇方熾緬終軍能請纓三湘飛羽檄一鼓下名城公與

塔忠武合軍克湖潭爲軍興第一功作報重湖失公與楊勇慤攻洞庭屢因廣將輕敵乃敗旋聞漢水清公率諸軍攻武昌躬冒礮石寇驚大潰長風吹巨浪併作凱歌聲

岌岌田家鎮堂堂上將臨長江詎爲險鐵鎖至今沉心與滄洲違功同赤壁深重巖勒銘處寂寞野猿吟賊踞田家鎮以鐵鎖橫江爲扼險計公令孫昌凱鼓鑪斷鎖進攻大捷泐銘石壁

煙塵犯湖口鼓角莽山隅羣盜燄何熾戰湖口諸軍疑畏公獨先進重圍勢亦孤乘流方苦戰破竹忽歡呼豔絕吳人語彭郎奪小姑公克小姑山有百萬軍民齊奏凱歌彭郎奪得小姑回語

十年勞汗馬百戰定驚魂治息豺狼鬭長令社稷尊青

山閒欲卧
黄屋屢承
恩萬樹梅花下孤懷誰與論
病骨從顚頷雄心未肯銷江湖淹日月舟楫飽風潮故
壘聲猶肅豪門氣不驕長江聞公名字肅然相戒不敢爲大奸宄往來誰復
識踪跡類漁樵公常草笠短褐往來江上人莫之識
碧海乘槎日朱陵攬勝時山僧陪杖履水鳥導旌旗甯
復知官大惟嫌得句遲高風千載上應與鄴侯期
忽下
天門詔秋屯粤海營徒聞馬尾戰敢近虎門行鐵艦隨

風遷金戈耀日明（法人犯閩馬尾失利公時駐兵粵東布置甚密法人終不入虎門實憚公也）籌邊空畫策恨未斬長鯨（公以和議罷兵為生平恨事）

一代中興將三朝直諫臣哀時心未已看劍淚沾巾忍見長城壞難留大樹春千言遺疏在猶望靖邊塵

與黃芷舲孝廉話舊

一別經三載相逢憶往年親交倍寥落鬚鬢轉蒼然孤樹花空發浮雲事屢遷惟餘碧湖月還似舊時圓

八指頭陀詩集卷之六終

八指頭陀詩集卷七

釋敬安寄禪

題柏公東洲禪室

柏公愛幽寂於此置繩牀石氣沾書潤藤花染衲香野禽啼落日古樹覆禪房誰避炎蒸苦來尋竹外涼

送文大令緯之官蜀中

家貧親復老捧檄最憐君竟作折腰吏徒爲絕頂文楚天涼雨過巫峽夜猿聞掛席自茲去何時話白雲

山居四首

獨鶴高飛倦深林野性宜石膚雲自潤松隙月能窺靜

覺藤花落寒知日影移山居味禪寂興到偶吟詩
道念何由熟幽懷誰與論池魚晨聽梵山鬼夜敲門破
屋牽蘿補微陽透衲溫客來休問訊妙意了無言
佳樹圓如蓋重巖冷似冰林鴉爭墮食松鼠嚙枯藤水
月自清宴煙霞絕愛憎卻嫌雲窟裏著箇苦吟僧
靜境無人到禪扉鎮日扃漲痕窺戸白樹色過牆青苔
繡定中石風吟殿角鈴何須滅聞見物我兩俱冥

朱亭夜泊書懷寄呈王益吾祭酒四首

征帆卸無日日暮此重經松栢逾前翠鬢眉失舊青臨
流嗟逝水玩道愧飄萍捨筏終吾事何論醉與醒

天地有終極江河日下流泰山甯壓卵夜壑竟藏舟易動孤生感難爲大厦謀白鷗吾愛汝身世任沉浮

不寐翻經帙迢遥過雁聲江楓寒更落漁火滅還明去住違初念艱難賦遠行一燈深夜裏默默自含情

遠嶼含霜淨危藤倚樹牢微雲生漸密孤月出難高苦恨入山淺翻令應物勞懶殘當日意悔與鄴侯交

衡陽國淸寺感事八韻兼呈朱蕪卿明府

衡陽古國淸過客不勝情共說林泉好其如雀鼠爭嶺梅寒欲發徑草殺還生白晝狐狸語荒村虎豹行雲含出岫意猿作斷腸聲零落禪枝蔭凄凉梵磬鳴金沙誰

再佈紺宇勢將傾欲乞甘棠樹移陰覆化城

吳中丞壽 甲午

南衡壽嶽峙崔巍絳節油幢記往回滄海一丸觀日出
青松十萬倚雲栽乘槎曾見蓬瀛淺立馬親從太華來
欲問和羹他日事春風先報嶺頭梅
三年霜戟照湖湘入座衣冠擁畫梁力挽黃流還禹迹
功宣紫塞奠堯疆靈椿大壽知難老金粟前身豈易量
待起華嚴樓閣定與公重獻九霞觴

題沈蘊石蕉葉白石硯

奇哉一片石價抵連城重久毓端溪靈曾補綠天空煙

雲既氤氳龍蛇亦飛縱不知倉頡前此物將焉用

送吳雁舟編修入都

沼春門外柳忽作淺黃痕念與故人別彌令嘉會敦浮雲信難定神理貴能存好以無爲法長扶　有道尊

二月初四新霽與諸道人陪湘綺先生游浩園還憩張猬叟東寮作

心閒得靜理城市不能喧逍遥暢天和來與法會親憑虛縱元覽吹萬亦以匀冉葩耀珍木綠草映芳園潛鱗渙清猗鳴禽悅新暾眷令物始榮感往情彌敦平生白社游屢開碧湖尊如何刹那間俯仰迹已陳勝流忻再

集神契諒仍存歡言託毫素聊用誤良辰

花朝日湘綺翁集道俗八人觴於碧湖聽雨賦詩

居士宣春和置酒碧湖濱招要雜緇素消遙忘主賓登樓坐寒雨眺聽怡心神沈陰亦殊佳山川共絪緼空濛天宇閒出沒蒼紫痕草樹沐餘潤生意方忻忻農夫荷鋤立顧語煙中人眷茲天游樂念彼春耕勤吾徒竟何爲豈不惜良辰夢想衡雲棲歸歟勉日新

豁然居士山莊

眞想塵中契幽居物外尋閒門扃竹色靜影息松陰片石成高卧孤桐謝賞音惟應碧溪月鑑爾綠蘿心

山居喜諶大立三見過

茅屋依巖曲柴門傍水斜病餘生砌竹坐久落庭花窺鉢從饑鼠營巢護乳鴉故人今辱顧聊與論三車

庶齋尚書於南嶽植夾道松三十里感賦

靄靄山上雲會爲昌黎開靑靑夾道松今爲尙書栽尙書篤高誼愛此後凋姿植之於名山豈曰匪所宜感公意良厚苦心善護持旣患牛羊踐還恐藤蘿欺鋤煙理荒穢編竹資藩籬敢藐毫末莖合抱知有時不翦柯條繁終阻出羣枝矧茲蘊靈境鸞鶴當來儀千秋頌遺德何獨甘棠詩

甲午夏余以事羈長沙適學使張子虞編修登祝融觀日訪余不值特錄舟中望衡一首留以示意因依韻奉和

南薰云解愠炎蒸何鬱鬱徘徊火宅中慽慽意無悅讀公冰雪吟煩襟頓以失煙衡置几前靈宇若可卽谷懷自沖虛霞想亦峻潔元覽欣已宏神契誰與結伊余慕肥遯重巖卜其宅應眞遊豈遙微言嗟已絕坐惜芙蓉萎常憂天柱折芙蓉天柱皆峯名幸瞻嶽祀全遑知障海溢甘受達人嗤永貽來者逸終爲廬阜雲恥作王城乞偶避蒼蠅污久與青山別世事若轉丸歲月如飛瞥長謠歸

去來寄入湘靈瑟

挽鄧彌之先生二首

世相無常住愁聞薤露篇關心一別後彈指十年前曾問雲亭字同遊建業船如何方廣約偏乏入山緣

瀟灑涼夜雨翦紙爲招魂河北游難續江南道益尊談空思舊社捨筏悟眞源一片清溪月淒然照墓門

贈謝衡山楨一首

達人蘊宏抱緇素所同欽孤松挺勁節幽蘭馥高岑揚鱗躍清池振翼懷好音敬也誠藐劣負荷亦其心元闇偶失檝浮塵逐來侵湘月寢靈耀衡雲飛遠陰至論析

疑義神光靈初襟秋鬱澄晚翠巖翁還故林立功豈望報為德亦已深勒銘於山椒聊用竭微忱

將去南嶽入廬山一首

疇昔慕微尚入山恐不深如何二十載遂負平生心坐為浮名誤乃使客塵侵如衣敗絮衣行於荊棘林求通反成礙欲昇彌以沉疾風鼓洪濤萬壑無停音狂流思迅濟焉能待來今誓辭衡雲棲遠躡廬山岑遠公雖已遥餘芬猶可欽

南臺寺避暑

篔簹萬个森禪房田衣不脫心清涼山鳥一聲新睡起

綠陰滿地藤花香

五月二十五日與蕭兵部浩園夜話

疏雨梧桐夜清言契道深浮雲從世態壞衲稱余心欲
息勞生影惟期寶樹陰他年入廬阜元度莫相尋

贈蕭兵部即以留別

僧寮每同飯書味與禪清自有千秋業何關一第名寒
花期晚秀孤月看微明後會知何處煙波萬里情

易蘊生茂才偕友人登祝融峯詩以贈之

峻極祝融頂相逢話夕曛霧高常隱日石潤每生雲草
木堅逾瘦天香靜乃聞如何入靈境尚欲戀人羣

黑沙潭觀瀑

久美黑沙名芒鞋快此行遙看晴雪墜近覺夏寒生不動臨淵羨惟餘洗衲情題詩問潭水應證道心清

宿西來禪院

萬樹丹楓色亭亭映夕陽遠山晴更翠寒菊晚猶芳竹戶雲侵榻松林鶴語霜禪心愛秋月久坐爲清光

青山庵贈兒上人

萬山青不斷一徑入幽篁破衲披雲冷寒花墮砌香繩牀容倦臥玉版喜新嘗爲感高禪意殷勤話夕陽

九月二十日與法輪慧朗二上人古佛林晚眺

高步縱遐矚聊吟愜道情孤峯斂夕翠落木墜秋聲擇
樹昏鴉急舂雲野碓淸卻隨樵唱返煙寺月微明

宿古佛林次前韻

邱壑容吾卧煙蘿不世情已忘蕉鹿夢惟聽澗猿聲野
竹浮煙暗山泉入覓清微雲碧虛淨孤月自圓明

瑞華寶華二上人陪伍司馬入山疊前韻

萬緣久休歇惟有故人情欲作絕交論其如伐木聲偶
因車笠至留話石泉清不覺碧雲暮松窗夜月明

宴坐有得

蘭若凝禪寂柴門鎮日關定中惟見水身外忽忘山神

理雖自悟太虛甯可顏了然清淨義不在語言間

謝衡山解篆還省感賦是詩

兩載名山賴護持離歌未唱意先悲他年天柱峯頭石
惟作羊公墮淚碑

雪中過古佛林五疊前韻

林壑皓以潔超然適我情庭鴉微有影巖溜靜無聲羣
木勢已折孤梅氣益清何須然慧炬不夜月常明

歲暮懷陳吏部漢陽六疊前韻

久懷陳吏部歲暮若爲情積雪凝寒素孤鐘傳遠聲衡
雲飛翠冷漢水照人清黃鶴樓頭月還應似昔明

過廣濟寺

廣濟宜禪悅幽深罷送迎雲連虞帝廟安上峯有舜廟相傳舜巡狩駐蹕於此山削禹王城此寺峯巒削翠狀如城郭傳禹王治水經此故名古木無樵採荒溪有鹿行巖僧長避客不問野人名

色空無礙頌

樹枯自回春心空豈滯境靈溪雖湛然不拒花枝影

田靜法師頌請龍藏回山賦詩紀勝并序

甲午冬岐山靜法師駐錫京都恭逢

皇太后六旬慶典奉　旨於萬壽寺祝　嘏蒙　賜藏經一部　御書福壽璺寶喇嘛所貢無量壽佛

千尊　勅令供奉山中為民祈福復　賜萬壽
寺額紫衣缽具團龍法服以示欽崇明年二月
恭賫還山冠蓋傾城出送南郊時香花夾路幡
幢盈空道俗歡迎百里不絕誠勝事也因為詩
一首以紀　恩遇

金山一寖耀迷雲障大千哀哉長夜中慧炬誰能然猗
歟靜法師宿植元根堅挺生於頹流誓欲迴百川念茲
微言墜憫彼邪見纏乃宏求法願慨焉凌風煙徘徊岐
路閒顧影心自憐持錫入京都乞食恆苦寒精忱召靈
和神足回迍邅叨逢

佛母誕得預名僧筵蟠桃敢竊獻伊蒲容勝餐　龍藏荷寵錫象教崇敷宣青松果東向白馬遂南旋香花夾通衢仙梵盈遠天日月揚光彩草木競芳鮮殊勝信罕遇妙密固已圓冥照鏡愈顯輟響聲彌傳請爲智者說庶用忘言詮

感事一首酬衡陽令朱太史益濬 乙未

我身如浮雲起滅任所之香塗等刀割嗔喜兩俱離惟有君親恩欲報嗟無時憂來曷由拒淚積不能揮上念宵旰勞下憫征役疲氛埃晦宇宙腥羶混華夷鴟梟苟得勢鳳凰無寧棲大鵬在其側斂翅猶徘徊忍見百

鳥王坐受微禽欺猗歟朱夫子慨然動深哀忠義夙自許肝胆誰爲披敬也亦何人欲合樹藩籬聚塵甯培嶽測海眞慚蠡感公意良厚中心常依依昨夜松間卧合眼神飛馳飛馳過弱水水色湛瑠璆墮爲難陀龍以身繞須彌長鯨犯波來呑食靡有遺夜义服神力稽首遥皈依修羅亦恐怖竄入藕孔絲海氛旣已淨天宇方澄輝梵唱警禪悟皎月猶懸枝夢想雖非眞殊足慰人思持用答嘉藻才鈍幸勿嗤

寄懷明州呂文舟胡魯封二首 并序

光緒丙子余駐錫明州從與了法師呂文舟徐

酡仙胡魯封諸子游以文舟居近東林寺用倣
遠公故事結社吟唱精進極一時之勝自酡仙
歿後余歸南嶽忽忽十有一年與公示寂又七
年矣乙未之夏與公弟子心愷續緣二上人自
明州數千里訪余湘中歡會須臾旋即話別爲
言文舟魯封近益衰老思余日甚每過湘僧問
訊不置有恐今生不能相見之語乃不禁愴然
涕下因爲一絕寄文舟一律懷魯封以敘生死
離別之感葢亦不自知其言之爲悲也

二十年來故舊疏湘雲海月恨何如遠公巳死遺民老

愁絕衡陽一紙書

自從徐孺定交期每惜陳蕃下榻遲（酡仙晚年常館魯封家課其子女）看竹品泉猶昨日招魂翦紙忽今時存亡異地應同感寂寞空山祇自悲欲續東林蓮社傳西風吹鬢已成絲

將由南嶽入海述所懷兼呈陳符戴文諸外護

忽忽三年過蕭蕭兩鬢華名山休再往勝地漫相誇易植貪嗔草難萌智慧芽霧高常隱豹澗險每驚蛇久訟巴人芋頻勞長者車忘軀全嶽祀歷劫幾河沙僥倖功能就倉皇念已差拂衣辭洞壑灑淚別煙霞獨鶴誰爲侶孤雲何處家滄浪看濯足碧海擬乘槎回望祝融頂

行吟湘水涯惟攜舊藤杖仍著破袈裟事定情彌怯詩成手自叉吾生淡如寄此去莫咨嗟

前詩意有未盡因疊韻爲游仙一首

高吟辭五嶽一葦去中華海月行將拾蓬壺勝可誇蟠桃初結實瑤草始抽芽貝闕淩雲日琳宮卧虎蛇眞人揮羽扇王母走雷車鶴舞三珠樹龍盤七寶沙星辰手堪摘凡聖念休差煉藥開丹竈凝神漱碧霞松喬俱得道劉阮悔思家徐福會登嶠張騫遠泛槎冥冥天有界渺渺水無涯精衛徒銜石靈鼇不受叉冷風吹梵唄清淚溼袈裟恨未聞眞諦仙游祇自嗟

登高臺寺有感

客心浩無極日暮此登臺寒樹蟬初歇秋風雁欲迴雲開千嶂出湘轉一帆來借問祝融氏誰憐歷劫哀

憶天台

天台四萬八千丈曩者幽尋悵孤往躡屐逕侵積雪前捫蘿直踏層雲上石梁誇壑凌紫煙下有千尺之飛泉鎚幽鑿險詎人力太古靈構信自然奇哉赤城鬱神麗秀色難名豈空翠應眞羽客紛來儀瑤草琪花常不萎華頂摩空星斗寒登臨始壯平生觀乾坤俯仰但一氣吳耶越耶青漫漫忽而毘嵐吹海立雷火燒空雨聲急

妖藏鬼匿長河懸虎嘯龍吟百靈集須臾淨洗羣峯環
乃乘白鹿辭名山爾來屢諗草木改風塵行腳凋朱顏
每念舊游長太息夢痕夜度剡溪碧眞人天際坐相邀
指點神巒是吾宅袈裟猶掛枯藤枝山阿寂寥猿鳥悲
寒山拾得今尙在歡顏出揖開巖扉落英滿地無人掃
苦言忘歸惜余老定裏微嫌天樂繁人間那憶仙山好
何處鳴鐘喚我醒松風還作海濤聲煙霞一覺渺無迹
迴首東南空復情

浩園夜集次湘綺翁韻呈龍陽方伯遯叟易公

禪棲罷凊梵寒夜訪幽人共有名園興來同法會親煙

痕淡可掬梅影瘦如皴居士眞摩詰玄談妙入神
林鐙然欲燼池鳥寂無聲自契空中賞誰知物外情苦
吟霜入鬢久坐月窺城心地超諸蘊如何可强名

贈哭庵觀察疊前韻

風雅久寥落沅湘復此人高吟追屈宋痛苦爲君親壯
志愁將盡童顏忽已皴千篇餘楚些讀罷欲傷神
微月生寒樹哀笳飛遠聲誰將家國事來繫水雲情莫
漫塡悲海相期憩化城三生圓慧業蓮萼共標名

感懷疊前韻

巖谷思棲隱藤蘿苦絆人且將窮作達轉與道相親落

葉紛難掃寒山翠自皴誰云溷塵俗秋水鑑吾神

我亦哀時客詩成有哭聲寒暄看世態生死見交情野鶴愁將侶閒雲悔入城會須冥物我妙善豈能名

贈白鹿海尊者次見贈原韻

夜吟青嶂月曉漱碧潭煙念子入林趣慚余涉世緣誰憐支遁鶴空撫伯牙絃寂寂湘江晚西風爲颯然

臘月八日爲遯叟七旬誕辰素蕉法師招湘綺葵園兩先生李藝淵觀察黃芷舲孝廉及余於上林寺介壽因作是詩

世尊成道日遯叟誕生辰細雨釀微雪寒城近早春且

餐常住飯休論未來因久惜支公墮叟自云前身何堪爲支道林

叟轉輪叟有來生作轉輪王之願故云

八指頭陀詩集卷之七終

八指頭陀詩集卷八

釋敬安寄禪

丙申上巳與宛如葦江照迷淨塵諸開士於迴龍精舍禊集

小憩阿蘭若忻逢上巳辰流杯遵曲渚躡屐入荒榛蘭氣薰衣細桐花照眼新雛鶯初囀樹乳燕欲親人仙梵自流響管絃焉用陳芳時難屢得羣彥盡來臻俯仰碧虛際徘徊綠水濱古今同一幻世界若微塵聽瀨禪更寂觀雲悟益眞卻憐王逸少猶是永和春

寄曾公子

一別曾公子名山受累深惟修平等行自契妙明心眞賞固已在沈吟遂至今聊將無著意寄入沒絃琴

蝸爭蠻觸任紛紛時事於今漸懶聞自拭一雙淸淨眼笑看孤月出浮雲

寄懷徐十一侍御樹鈞

往者徐侍御逃禪契懶殘每勞驄馬至長作白衣看極浦春帆遠高樓夜雪寒懷君當此際千里夢長安

送周卜芚茂才還長沙即次寄其舅氏徐侍御原韻

輕敲林下磬客夢恐驚殘秋葉和愁墜離情當醉看溪
雲侵榻冷山月照人寒五字吟難穩詩魂夜不安

題大溈密印寺四首 並序

甯城之西百六十里有山界於資水梅山之交曰大溈蓋以溈水而名焉昔司馬頭陀謂其水作優鉢羅華香其上必有勝境乃泝流入山果得其奧預記爲千五百人善知識住處後於百丈會中見靈佑禪師識爲是山主人適師以踢倒淨瓶爲丈所許遂命來居時山谷荒翳夐絕人煙拾橡栗充食經六七載無過問者自念居

此爲宏法利生既斷往還獨善何益即捨而他往旋爲蛇虎所遮留山民知之共營梵刹未幾遭毀教之變裹首爲民迨相國裴公休節鎮潭州時值宣宗釋禁遂以巳輿迎師出山親爲剃染廣崇檀度重嚴像設從師咨受心要並捨其子出家是爲裴頭陀即法海也師令汲水供衆其姊見而憫之鑿石爲筧以代其勞今寺後有美人筧乃其遺蹟師得裴公外護法道大宏嘗以水牯牛語示衆林下拈頌傳爲佳話門人得法者多仰山禪師其尤著者天下稱爲潙仰宗

焉師示寂後塔於山南謚大圓禪師塔曰淨惠故相鄭愚爲撰塔銘數傳而有眞如喆禪師應詔入都大闡法要至宋崇甯中寺火而燼潭帥曾公孝藴延廬山空印軾公主法梵行嚴密法運重新神宗親灑宸翰賜西甯律師之號洪覺範爲撰中興記紀之甚悉明之季世復燬於火皇淸受命顯揚聖教大宗伯李公大司農周公給諫車公太史陶公皆力圖恢復而五峰禪師自四明天童來此與養拙明公慧山海公前後住持百廢具興法筵稱盛一鐙五燄輝耀至今其時

宏覺國師恭齎 大內所賜金襴僧伽黎衣一
襲來鎮山庭雍正十一年 御製爲仰語錄序
加 諡祐禪師曰靈覺大圓乾隆四年道光八
年前後 頒賜藏經二部鑾儀護送來山四衆
踴躍得未曾有非福地鍾靈孰能致如斯吉祥
殊勝也是山四面峰巒峻密如蓮華海藏重重
無盡獨毘盧一峰迴出雲表尊如萬乘密印寺
適當其麓誠所謂法王都矣余生平所閱名山
古刹不可勝紀未有絕巘層巖之上忽廣博嚴
淨若此者恨昔年山居不久其間巖洞之深邃

水石之淸麗未能一一躬踐其勝每一念及又未嘗不引領霞外而神往也乙未秋來尸祖席禪誦之暇與二三道侶援蘿附葛履險窮幽此山眞面始豁然於心目而無餘藴不意余於潙之選勝其因緣遲暮乃爾一日定起撫靈杏梅檀之枝對天人送供之石得七律四章以志陵谷變遷之感俾後之覽者知名藍法運隆替存乎其人必有以道善爲護持不至使琳宮寶刹鞠爲蔓草荒煙是則山川之有待於來哲云爾

靈祐禪師古道場象龍蹴踏豈尋常毘盧峰勢凌霄峻

優鉢羅華徧界香此日天人爭送供當時椽栗拾爲糧
淨瓶踢倒渾閒事贏得溈宗一法長
唐時宰相裴公美曾捨伽藍佈地金石筧引泉來法乳
栴檀留蔭護禪林悠悠空翠澄昏曉擾擾浮塵混古今
欲續眞鐙傳佛印幾人能證妙明心
趙宋名臣問法來高僧豎拂講筵開天章宸翰淩雲日
紺宇琳宮闢草萊儘向華嚴窺法界寺前華嚴坪卽華嚴閣故址相傳昔有神僧於此放光示現華嚴法界
誰從燒劫辯陳灰可堪明社陵夷日
一炷人天百萬哀
聖代龍興像教新

佛心天子轉祥輪金襴法服來丹陛寶藏瑶函出紫宸萬古爲源流不盡千年靈杏樹長春寺後有祐祖手植杏樹一株大十餘圍中生栴檀雜木數枝相傳樹之榮枯爲寺中盛衰之徵云願將微妙伽陀頌留作生生讚佛因

謁裴公墓

裴公塚對南軒墓祇隔秋雲一片山松徑巖扉俱寂寂幾回蘿月悵空還

坐夏偶占

日長無事掩巖扉沉水香清暑氣微一雨綠生穿徑草

萬山青上坐禪衣卻看野鶴婆娑舞閒放孤雲自在飛
誰似幽棲林下客渚煙蘿月淡忘機

客有問潙山勝者賦七律二章以答

猨鳥猶嫌館宇喧此中眞趣共誰論澄潭雲淨龍歸鉢
幽谷風生虎嘯邨四面奇峰爭入座一渠流水自當門
客來欲問潙山勝手把芙蓉笑不言

峭石幽泉結四鄰蓮花佛國淨無塵長松細草自春夏
野鶴閒雲誰主賓萬竹綠撐巖下水千峰寒繞定中身
祗於文字留殘習爭寫蒼山面目眞

潙山題大圓禪師影堂

蛇虎曾知夾道留風雷長爲護龍湫濛濛細雨林塘晚寂寂寒香桂宇幽赤手開山來百丈白頭皈佛許裴休不堪溈水空憑弔一夜秋聲繞寺樓

裴公菴

裴公菴外水潺潺猶憶辭榮問道還心印早從黃蘗得靈棲近在翠微間高風已邈誰能繼明月孤懸意自閒俯仰雲煙念今昔杖藜無語對秋山

溈山水牯牛頌

識得溈山牯林間任自然身毛亦將白鼻孔也曾穿牧笛斜陽裏閒情野水邊一犂微雨足不負祖翁田

夢洞庭作

洞庭滙眾壑雲夢氣能吞吳楚星辰溼風濤日月翻遙看青草浪混作碧天痕莫恃重湖濶終須到海門

九月初六日由溈山越茶洞宿磨刀澗至芙蓉山尋仙木嶺憩廣化寺作詩六首以誌幽賞

欲攬芙蓉秀甯辭山路長溪藤牽帽落巖溜濺衣涼寒樹墮秋葉幽花吹冷香茅茨隱深谷云是野人莊

忽忽千峯裏行行萬隴巔修篁巧障日渴壁暗欺泉小市過微雨孤村生暝煙黃昏山月上照我草堂眠

野碓驚殘夢霜楓醉曉霞遠山分樹色落月映蘆花流

水半灣曲炊煙幾縷斜田家秋穫少得食飼啞鴉
裂石雲根斷盤空磴道懸筍輿肩屢歇布衲脫仍穿亦作
危橋臨澗澗孤岫削天圓以前二句景真因並留之虎跡留苔徑龍湫吼瀑泉平
生好山水遇勝輒流連
煙蘿轉深邃巖岫益崢嶸未雪泉先凍無風松自鳴林
棲依板屋生計在巖耕雞犬遙相接蕭閒物外情
幽尋真可樂靈境信難窮丹嶂摇仙木青山捧梵宮果
香猿引隊林靜鳥呼風地僻宜禪習吾將老此中
九日芙蓉寺偕若舟省觀二侍者陪宛法師尋熊
居士游青龍峽觀眠雲榻衲瀑巖仙人迹三首

小憩芙蓉寺言壽洞壑幽偶隨林下友來作峽中游遶嶼寒凝翠飛泉冷噴秋黃花應識我照影向清流

危橋橫谷峻峭壁俛潭陰誰鑿重巖險能寒壯士心古藤穿石隙崩岸墜猿吟欲覓仙人迹蒼苔掃更深

水石澄禪寂松蘿絕世姿眠雲呼不起倦鳥欲何之獨坐溪邊石閒題洞口詩月明鐘梵近歸路意遲遲

登雲霧山遇方煉士

突兀爭衡嶽蒼茫瞰洞庭雲生天地白山壓楚吳青絕壑愁風雨層巒礙日星時逢赤松子談笑破空冥

題遯叟匡廬詩卷

老興復不淺東游尙有詩小孤靑入袖五老秀橫眉聽瀑心彌淨看雲契益奇遠公去已久誰與白蓮期

杪秋偕照僧値若侍者陪宛公往香巖巖觀瀑因窮潙源窺石鏡乘月訪楊山人不遇作詩一首

杪秋天氣佳時菊猶芬芳悠然動逸興閒雲隨我翔重巖削虛翠飛瀑鳴高崗綠筱蔽荒澗白日黯無光陰森難久留溯溪窮源長溪行倏已暝林際下微陽攀蘿窺石鏡乘月款松房所思不可見露下沾人裳徘徊覓歸徑寒樹煙蒼蒼

大潙山居次龍陽方伯遯叟垂竿淨影原韻八首

靈源久忘照空翠猶未淨茲意人不知自問寒潭影
焚香掃竹林幽石苔痕淨久坐衲衣寒松風梳鶴影
日暮天微陰遠山寒更淨欲雨松先鳴清溪度雲影
月出山鳥鳴夜禪心愈淨野桂寒有香溪雲澹無影
侵晨漱寒碧潭水空且淨清機不能言靜對溪花影
雲中鐘梵寂塵外煙蘿淨一鳥下莓苔啄破松枝影
湛湛池中水秋來轉明淨皎然一物無祇有青山影
習定林下居萬緣如洗淨誰能逐狂猿自捉月中影

麓山晚眺疊前韻

日暮蒼翠紫霜楓紅轉淨夕陽如畫工畫出秋山影

清湘白露寒暮色窺人淨紅葉滿天飛疑是秋魂影

溈山過精一律師故居並題其優鉢羅花室日記

忽忽歲云暮寒蟲鳴我牀佳茲曾幾何四山青復黃人生若浮漚鬢髮忽已蒼念昔素心人憩此松下房論道鄙章句撫化證元常豈惟數晨夕亦欲同津梁遠掛南海席共泛東吳航講筵析真義四座聞天香方期昏衢中長瞻慧日光高秋八九月禪枝殞勁霜生死一朝異沈痛結中腸孤雲思無依獨鶴誰與翔甯知泡影謝復覩羅花芳追念平生親墨迹猶數行悲來不能語涕下沾衣裳

長沙重晤崔貞史大令

漆園傲吏後崔侯實繼之不折平生腰能展丈夫眉榮名焉足寶古道方自持奈何白珪質忽作青蠅疵罷官歸沅湘恆忍臣朔饑著述日宏富力詆邪說非胸中浩然氣尙欲塞兩儀昔從遠公遊謂上林西公蓮社俱棲遲日月曾幾何老病乃見欺故人無一存高冢俱纍纍謂當時同社諸公念此不能言涕下如綆縻歡會苦不久須臾當睽離貢鵠一冲舉白雲安可期願言植松柏各保歲寒姿

山居志喜

林際寒鴉語天涯遠信傳故人來下榻斷句補成篇菊

放重陽後梅開小雪前雛僧有夙慧解問大乘禪

山居秋興

木落山寒早幽居有所思世情雲共薄秋意菊先知久病甯妨道多窮豈爲詩興來仍杖屨不負野人期

由大溈之廬山別臨川李梅癡太史 並序

輕舟載雪孤衲生雲山川遠適杖錫遐征旣苦天寒彌傷別促擲筆三嘆喟焉長懷

江寒天又雪林鳥寂無聲念此閒中趣彌傷別後情山川已搖落雲水尚孤征今夜扁舟月懷人應倍明

臨川太史胞姪仲乾年方十六爲余書錄近作並

次淨影韻詩一首見贈作此奉謝

每訪竹林舊尤憐小阮賢從人乞佳紙爲我寫新篇對
月步淨影焚香契默禪終當繼阿叔同作玉堂仙

余將隨哭庵觀察游廬山爲事阻不果感賦並寄
歸宗修法師

屢欲登廬嶽征帆挂又收難酬蓮社約空憶石門游健
翮思黃鵠閒身愧白鷗終當尋惠遠一笑虎溪頭

薄暮瀛仙閣禪坐望麓山殘雪

西峰殘雪在危坐倚空冥微雨度高閣孤煙生遠汀定
回山月白寒入夜燈青寂寂一鐘動泠然契獨醒

十二月十六夜銀杏齋與梅癡子坐月

良夜與不淺清言漏已深青天抱圓月照我湛然心幽竹淨寒翠疏鐘動隔林微霜引歸步寂寞吐孤吟

故人陳梅根過於長沙索詩作此贈之

梅根居士余同里四十年來總角交今日相逢人已老記騎竹馬到衡茅

過甯鄉縣贈邑宰劉牧村明府

寒城雞犬靜野寺枕雲眠瀉水穿橋下青山拱縣前市人多種菜村女半輸棉欲美文翁化松風入管絃

感事二首

寂寂人將老棲棲歲已淹心空翻得謗交密轉生嫌蘭蕙經霜殞藤蘿過雨添寗知造物意不是考詩嚴

此身猶假合身外復何論那惜浮名損聊酬宿世冤有情皆是障無佛便爲尊雙樹今搖落人天但淚痕

對雪書懷

四山寒雪裏半世苦吟中鬚易根根斷詩難字字工心肝徒自歐言論有時窮寂寂平生事蕭然傳夜鐘

余於丙戌年得鬚易根根斷詩難字字工二句至丁酉正月潙山對雪始足成一律盍冥心苦索已十年矣誦賈閬仙兩句三年得一吟雙淚流語而

淚爲之流及讀杜詩問法看詩妄觀身向酒慵之
句覺世諦文字眞如窺語因再成一首用紀吾過
自爲懺悔
十年成一律五字得長城轉念心何苦微吟淚卽傾且
愁荒道業未必博虛名我法看詩妄能傳不足榮
春山漫興二首
此身於世復何求悵卧春風別有愁碧樹無情鶯自語
青山不動水長流眼看稚笋凌雲上手種雛松出屋頭
垂老煙霞筋力倦嬾從大海聚浮漚
地僻離喧雜心閒與道俱輕風吹鶴羽微雨潤花鬚溪

柳自垂戶山泉清入厨繩床纔定起睒月出雲衢

過楊山人居

苔密茅簷淨溪迴石徑斜春風不到處枯樹自生花小憩得禪境高吟玩物華林塘清與洽欲去戀煙霞

北湖

北湖煙樹碧氤氳鷗鷺還思舊日羣竹柏迎人猶自翠藤蘿得勢便淩雲嬾從冷暖窺時態閒與漁樵話夕曛萬古沅湘蘭芷地晚風寒露惜清芬

松林首座曾禮峨嵋九華普陀諸聖蹟最後登五臺尋金剛窟文喜禪師見文殊師利問前三三後

三三處

白髮頭陀久放參青山祇在碧溪南此身曾入金剛窟
會得前三與後三

溈山與復初西堂話舊

二十餘年別此山片雲無意又飛還故人獨有初師在
萬壑松杉憶舊顏

懷壺天遯叟二絕

桐花已落棗花香谷口鶯啼又夕陽不見雲中仙輩下
遥空一髮海山蒼

夢向壺天訪遯翁霜寒鶴背五更鐘醒來依舊蒲團上

滿耳溪聲入亂松

送豪素上人歸旗山

三年一彈指相見鬢毛斑歲月亦何速身心殊未閒幽情忻共話詩債苦難還明日晨鐘動溪山悵別顏

五月二十七夜夢中重游焦山得五律二章

鐘梵晚蕭蕭淒迷野望遙日含瓜步雨風拒海門潮鷲嶺春常在龍宮土不焦江山有如此何用訪松喬

大江流不盡萬古一含情月照金山寺波寒鐵甕城風帆隨鳥沒漁火雜星明誰念浮杯客重來白髮生

憶金山寺

遥憶金山寺樓臺倚夕曛浪花翻似雪江柳碧如雲日落蘄王廟潮迴郭璞墳何時青篛笠來訪白鷗羣

畣智清上人次見贈元韻

無影枝頭花正開箇中消息費疑猜維摩不語原非默慶喜多聞未是才海底泥牛銜月走巖邊石馬帶雲回莫將文字參眞諦無縫天衣不假裁

金華菴小憩別補蕉上人二首

遠尋樵子徑小憩化人城細草敷禪榻寒泉入梵聲溪霞含夕靄山月吐孤明靜對諸根寂鑪煙一縷生

晨鐘呼客起晴鳥語煙和巖溜初成瀑池蓮乍吐波菩

夐游屐少樹雜野雲多愛汝碧山靜何時復此過

七夕夢中偶作　丙申

萬頃煙波一葉行一波未了一波生無端夜宿蘆花岸錯認蘆花是月明

湖亭晚眺　丙申夏

蓮葉滿湖風露香望湖亭上望瀟湘暮雲捲盡天如水白鳥一雙飛夕陽

八指頭陀詩集卷之八終

八指頭陀詩集卷九

釋敬安寄禪

詠白梅

了與人境絕寒山也自榮孤煙淡將夕微月照還明空際若無影香中如有情素心正宜此聊用慰平生

過湯泉少保第奉題十八韻並贈其公子鐵史秀才

偶別青蓮宇來尋緣野堂萬山凝積翠一雨送微涼鶯嶺欺霞峻湯泉沸玉香斷橋橫野水孤笠冷斜陽竹霧沾衣碧苔痕映戸蒼粉牆滋薜荔舞榭罷笙簧風定鑪

煙直波澄荇帶長松陰酣鶴夢巖密釀蜂房羽客售琴
料林僧獻藥方刀瘢恆自匿劒匣每騰光大樹人爭蔭
幽蘭氣益芳臣心甘隱遯　帝德眷賢良暫息簪纓累
仍趨鵷鷺行荆吳資鎖鑰江漢重巡防會忝元戎顧深
慚淨業荒登龍奇介子愛馬惜支郎白社情相得朱門
道不妨他時雲窟裏煨芋待君嘗

尋湯泉經冷水井感賦

欲試湯泉水因聞冷井香禪心無去住世態自炎涼轉
覺詩情淡彌知道味長溪邊值漁父聊與話滄浪

題螺溪寺

微陽下林麓古寺倚巖阿碧澗鳴寒玉青山湧翠螺金容俱寂寞寶閣倚嵯峨欲拭殘碑讀淒風動薜蘿

述懷次韋江上八元韻

吾道竟何適老懷難強寬誰能得骨髓祇自歐心肝壞衲眠雲冷孤松過雨寒栖栖十年事未得一枝安

重宿護國寺

星移斗轉欲三更玉露無聲夜氣清二十七年重宿此碧梧涼月不勝情

夜坐

幽人夜不眠愛此碧虛月涼風一颯然吹動梧桐葉

送胡澂唐太史歸江右

與子初相識那堪又送行楚山青不斷湘水碧無情待訪石門勝同尋蓮社盟匡廬在何許悵望白雲生

六月二十二日與盦觀察集道俗十六人於浩園精舍銷夏

名園開法會勝侶集禪房曲沼過微雨碧梧生晚涼藤陰移榻影荷氣襲衣香一笑諸天暝松寮露佛光

贈別李二翰林瑞清

涼風入庭樹忽覺葉皆秋念此歲月晚增余雲海愁故人江上棹高柳雨中樓相望情何極殘陽下橘洲

秋懷一首寄易由甫

悵卧滄江歲月遒神巖回首憶前游罡風幾見瑶華折明月長懸碧海愁天上星移方惜別淮南木落又悲秋道人別有傷心淚石爛松枯灑未休

秋夜哭俞用賓大令

仁者得其壽斯人獨不然微官初掛籍一病竟凋年野寺秋雲冷空江夜月懸平生念知己淚灑綠蘿煙

八月朔白霞寺入院作

巖谷卜余宅煙霞慰我思暗泉依竹細寒蕊著花遲倚石看雲幻穿林念鳥疲勞生空復爾莫負綠蘿姿

秋日懷林莊江

湘上西風急颯然涼雨過意中故人遠愁外亂山多一葉生秋思重雲阻嘯歌何時數椽屋相與傍煙蘿

山居秋暝

雨過林塘晚猿鳴館宇幽地寒黃菊瘦僧病白雲秋落葉下枯樹微陽生暝愁昏鴉亦何事相對語啾啾

大海篇贈俞翰林明震 并序

太史別余八載昨自台嶠新歸感時話舊相對凄然

大海何涯涘孤懷寄遠深徒勞精衛力誰見魯連心鯨

浪吹難息鵬搏勢易沈滄桑今昔事回首一沾襟

瀛仙閣晩眺

微雨過汀洲涼波帶葉流眼看孤鳥沒心共片雲留天地餘殘照江山非昔游臨風一揮涕不獨爲悲秋

九月十四夜訪高葆吾

幽人喜涼夜閒步信孤笻細雨寒林葉微霜遠寺鐘偶聞蘭雪詠聊駐水雲踪惆悵吟歸去千巖冷碧松

徐叔鴻方伯以麓山紫芝詞見寄賦此奉答

萬木氣蕭森孤吟對夕陰寒隨秋雨重愁入亂山深獨鶴難求侶昏鴉易擇林聞君紫芝詠動我白雲心

江亭

江亭聊遠眺暝色鬱蒼蒼孤嶼吐寒翠萬山爭夕陽旋
看秋月朗空使野雲忙萬古瀟湘水東流接海長

江樓夜坐

霜冷葉初丹江樓獨倚欄暮雲飛鳥倦秋雨夜燈寒林
下安禪好天涯乞食難年年重九菊不向故園看

贈高葆吾

挂冠歸故里閒適有餘清對月常孤酌看山每獨行喜
留禪客飯懶問達官名一笑緣何事枯吟鍊句成

暮秋書懷

渺渺身何往蕭蕭鬢已斑亂雲生樹密秋雨閉門間有
愛都妨道無心更買山祇愁孤笠影乞食到人間

題素蕉小緣天庵圖二首

懷素工書草聖傳素蕉作畫欲通禪老僧別有西來意
祇向東林種白蓮

不羨雲煙筆底生讓他書畫並馳名惟思掃石蕉陰卧
靜聽瀟瀟夜雨聲

古詩八首

九月二十八日過芋香山館訪梅癡子適黃子
耘茂才亦至掃石坐雨慨言時事仰睇浮雲俯

觀剎土得詩七章以示依正無常之感

涼飈激庭柯忽覺山寒早落葉墜閒愁紛紛不可掃念我白蓮儔幽居慭元討欣然冒雨來清言契蘭藻黃公亦以至相與傾懷抱凡流眾所趨至道誰能造人我每固執夢想徒顛倒憫彼芭蕉身生意日枯槁灼灼霜中華甯復幾時好

憶昔芋園叟（芋香山館爲輔堂中丞故宅）挂冠早還鄉於此抱幽獨養眞善自藏箸書以自娛草木隨青黃冥心探理窟虛室朗神光片言折羣論狂瀾爲不揚至今沅湘地蘭芷猶芬芳斯人不可作慨焉情內傷

秋雨已成霖晚稻猶未穫茅茨斷炊煙嗁饑喧鳥雀盜賊恐縱橫王風益蕭索客塵昏擾擾元氣隱凋削廾人術雖神安能塡漏巵苟令邦寶充何辭混沌鑿悵望蒼天高浮雲紛漠漠

南嶽有丹鳳孤飛求其羣嗷嗷日流血百鳥如不聞下有禿頭烏銜木淩層雲欲以培元棟見拒祝融君大廈須羣材區區何足云

昨夢升忉利始信修羅高海水雖至深僅乃齊其腰舉手摩須彌日月皆驚跳帝釋亦畏弱欲偕諸天逃忽見金剛身持杵乘神飆衆怨悉摧伏長揖辭丹霄功成猶

雨泣轉念天王勞

聖教久淩替邪說亂吾眞神珠不自識魚目爭爲珍海若揚洪波毘嵐鼓劫塵五洲一腥垢萬古同酸辛哀哉閻浮提誰爲覺斯民

我不願成佛亦不樂生天欲爲娑竭龍力能障百川海氣坐自息羅刹何敢前髻中牟尼珠普雨粟與棉大衆盡溫飽俱登仁壽筵澄淸濁水源共誕華池蓮長謝輪迴苦永割生死纏吾獨甘沈溺菩提心愈堅何時果此誓舉聲涕漣漣

題陳笠唐觀察東山草堂十二詠

東山雲岫

劫火焚大千浩歌淚如瀉悠悠東山雲出岫何爲者

五華聳翠

僊人嚴佛地欲問如來義手把五色華散爲江上翠

鯉林聽禽

鯉林幽且閒綠蘿蓋茅屋山鳥一聲鳴野花紅簇簇

紫嵐夕照

夕照烘晴嵐流光雜蒼紫遥峰數點煙出沒空濛裏

黃崙環帶

青山亦好奇環繞自成帶誰能解之去挂向金山寺

黃鸝春曉

春與清溪深天共白雲曉晴鳥語煙開萬山青不掃

桐山卓筆

高山削成筆大海滴爲墨欲寫妙明心觀心了無得

戴工野燒

北風夜中起戴工火勢勁荆棘一以焚轉愛寒山淨

新林屏玉

美玉蘊石中誰能識其妙仙家持作屏林谷生輝耀

團山霜鐘

團山宜宴坐寒巖轉幽獨一聲霜外鐘禪心盪空綠

蓮華石嶂

女媧補天時留此片石在怕受仙人鞭逃入蓮華界

西溪琴韻

湛湛西溪水淙淙作琴韻此曲人不知泠然神自運

掃石

掃石白雲邊山空生淨禪幽禽解人意細語綠蘿煙

雙銀杏齋訪梅癡子不遇二絕

有約侵晨至云何已出門誰憐雙杏樹相對了無言

日暮重來此庭空語亂鴉牽衣問童子猶說未還家

晚歸鐙下重作

孤雁不堪聞禪棲正憶君空攜笻竹杖兩度出寒雲

昔感次龍蔭凡見贈原韻即送其行

俯仰悲身世興亡念古今可憐滄海事偏繫綠蘿心風雪離亭晚關河別思深孤鴻欲何處萬木已寒森

哀時次乩仙寘一子原韻

秋風吹過雁落葉正紛紛大地無全局遙天有片雲時危思作將世亂豈論文獨向仙人語凡夫未遺聞

送李梅癡太史入都　戊戌

碧湖楊柳色又送故人行不向花前醉前約會祠奉餞未到其如別後情雲隨金闕迴月傍玉堂明他日承　天問休稱

懶衲名君嘗戲言使我為鄰侯當請徵懶殘問道

梅癡子將入都余作送別詩經半月矣臨解纜復贈此詩仍次前韻

平日祗言別今朝果送行請看春草色不盡故人情江上孤村晚雲間片月明欲持煨芋贈耻近懶殘名

梅癡子乞陳師曾為白梅寫影屬讚三首

一覺繁華夢惟留澹泊身意中微有雪花外欲無春冷入孤禪境清於遺世人卻從煙水際獨自養其真

而我賞真趣孤芳祗自持澹然於冷處卓爾見高枝能使諸塵淨都緣一白奇含情笑松柏但保後凋姿

寒雪一以霽浮塵了不生偶從溪上過忽見竹邊明花冷方能潔香多不損清誰堪宣淨理應感道人情

送易實甫觀察之江南

春水綠波明春風碧草生梅花香別酒柳色映行旌直下洞庭野遙經湓浦城江南煙景好應慰宦游情

效龔定庵體二首

梁居士

坐破千潭水月痕寒灰一寸偶然溫空觀假觀中道觀待與台宗學者論君久習天台止觀

楊葵園

念佛三昧世少信惟有無爲子親證君父仁山先生專修淨業有無爲子之風樂邦消息近云何爲我蓮臺一問訊

夜雨寄懷張狷叟郎題其湘雨樓畫卷

一夜瀟湘雨高樓應未眠可堪思舊事莫更賦哀蟬公有悼亡詞數卷竹栢自蒼勁煙雲從變遷遥憐圖畫裏別有好林泉

萬山青繞戸中有卧龍盤心以看雲淡詩因聽雨寒入鮮棲鳳闕穩把釣魚竿何日來相訪清言共倚欄

與諶大月下禪坐有得

故人清夜至掃石坐煙林不有花間月誰知悟後心虛

空猶是妄大海豈云深相對了無說埜猿時一吟

王午樓飯僧有作

右丞高倘士亦有老禪心爲我開香積因君動苦吟花枝經雨重草色閉門深齋罷徐歸去春雲野寺陰

題哭盦觀察所藏張夢晉畫軸

吹笙王子已昇仙那得還餘色界緣卻笑張生虛揑怪祇留姓字畫中傳傳稱夢晉爲王子晉後身以其母夢晉而生故名曇花一樣夢中身紅粉青衫憶宿因艷說才人甘乞食可憐猶是墮情塵

身後身前何足論君自言爲夢晉後身都緣業識弄精魂多生結

習宜除淨莫認空潭水月痕

紀夢詩一首并序

二月十四夜夢與曹蔭萱徐孟虎俞書臣及其姪愼修冒雨同至一山飛流界道峭石橫雲迴非人境於煙靄中見林表碧桃初花擬攀蘿往折忽晨鐘驚醒簷溜猶滴窗全曙矣

仙山不可到而我自何來絕壑雲扶雨晴空瀑吼雷更從青嶂出遙見碧桃開忽忽晨鐘動方驚夢裏回

贈尹山人和白卽題其陰符經註後

胸中邱壑一塵無人海茫茫意自孤門巷蕭閒苔蘚碧

滿庭風雨註陰符

霞外神情誰復知蒼蒼鬚鬢已如絲春風落魄長沙市
錯被人呼老畫師

感事呈葉吏部

時事已如此神州將陸沉甯堪憂國淚忽上道人襟春
色何高下浮雲自古今與君聊一笑各寶妙明心

別陳公孫自述所懷

不用折楊柳東風送我行離情芳草醉春夢落花輕未
證三乘果聊攻五字城他時蓮社傳恥獨以詩名

八指頭陀詩集卷之九終

八指頭陀詩集卷十

釋敬安寄禪

題桐院感舊圖并序

曩余居祝融峯時中丞吳公巡閱過衡偕其幕賓陸廉夫登峯觀日出憩余松寮論道言詩極相歡洽及余歸省廉夫將爲吳公畫南嶽圖邀余就署中問峯巒巖谷之狀甚悉臨別以其所居庭院有梧桐數株枝葉榮茂因作桐院談詩圖相贈且曰僕吳人寓此蹔時卽歸師巖穴中人此後非有因緣亦難重來如來見此梧桐則

如見我與延陵公觀雲海於祝融也語畢泣然

不久吳公秉節出關廉夫亦返吳門自是不通

聞問已六年於茲矣今春義甯侍郎陳公爲其

黃夫人資冥福余偕僧衆入署誦經一日公孫

師曾偕至其室則廉夫故居也時方二月桐葉

未敷秃立雨中了無生趣對景懷人不勝榮枯

今昔之感因涕下公孫詢知其故爲余作桐院

感舊圖屬余爲詩以紀其事

舊院談詩處重來最憶君曾觀滄海日高卧祝融雲風

雨一爲别死生長不聞空持懶殘芋獨自倚斜曛

寂寂數株桐淒淒立晚風榮枯今昔異吳楚別離同彈指六年過觀心萬事空懷人無限意都在雨聲中

夜坐懷王午樓

寂寂夜鐘沈知君正醉吟春愁雙鬢改書味一鐙深生死誠堪託（熊鶴老身後其子女婚嫁皆君一人任之）榮枯共此心還須歸白社何用鍊黃金

送陶觀察森甲之姑蘇

春波如鏡草萋萋十里垂楊綠映隄借取祝融峯上月送君直下洞庭西

周鐵園太守前署沅州府解篆已二十餘年戊戌

奉　命重典是郡余傷其垂老出守窮邊慨然賦

贈

一棹沅江去生涯絕可憐不堪黃綬事始授白頭年列郡棠陰遍孤懷海月懸誰知憂國淚重灑百蠻天

得沅陵徐大令方泰書并寄鉢䞋賦以答謝

祝融峯頂別回首意茫茫絕岫孤雲出名山舊業荒藤蘿高蔽日松柏飽經霜遠辱故人問開函淚數行

聞道沅陵縣風煙近五溪荒村山鬼怯深谷怪禽嗁石瀨橫流急蠻雲落日低猶勞分鶴俸千里寄招提

四月二十三日與陳師曾兄弟齊集徐筱谷棗香

書屋

蕭然數椽屋不似在城居水竹涼生戶籬花香滿裾故人成邂逅高論入元虛何用參禪悅園蔬味有餘

五月初七日阻雨宿東禪寺

城北東禪寺還因聽雨留乍看雲過樹旋見月當樓聚草螢光溼披蘿鬼語幽吾生機慮盡夢逐白鷗游

東禪寺與達公夜話

定中孤月自常明身外浮雲屢變更欲捨福田紓國計每談淨理厭詩名渡杯祇恐魚龍覺施食還憐鳥雀爭天上人間盡惆悵與師惟有證無生

題麓山寺

迢遥鐘梵下斜陽寂寂巖花渡水香殿角一鈴風自語窗前萬木雨初涼山銜雲氣窺人淨江挾濤聲入海長卻羨巢松千歲鶴不知塵世有滄桑

送郭謌士歸東山別墅次壺天遯叟將之匡廬留別韻

人生適意豈易得念子能爲林下游莫遣白頭詠團扇（謂君姬四照優婆夷）安排赤足踏飛流哦詩飲酒且自樂石爛海枯焉用愁咫尺溪山是吾宅（君別墅距余白霞寺三里許）綠蘿明月共淹留

贈雷筱秋孝廉仍次前韻

英雄不分邱園老下第翻爲海上游玩世幾人餘白眼濯纓何處有清流雲歸衡嶽千峯雨日落長沙萬古愁莫謂賈生虛痛哭治安一策至今留

還山書懷疊前韻二首

客塵擾擾無甯日南北東西已倦遊卻抱白雲還絕巘忍看滄海作横流蛟龍吐霧方爲虐鷗鳥驚波亦自愁幸有荒園一叢竹淸陰猶爲道人留

覺皇邈矣余生晚不見應眞靈鷲游佛海深深誰悟入世波汩汩競分流雲中挂錫非無樹澤畔行吟別有愁

回首中原堪涕淚青山一髮夕陽留

再疊前韻奉寄壺天遯叟廬山

憂時鬱鬱壺天叟乃託神仙汗漫游手挽銀河成瀑布心懸朗月照寒流小姑江上如含笑五老雲中爲解愁他日扶笻訪高隱虎溪應有畫圖留唐人有虎溪三嘯圖

秋夜偶得

萬念已俱澄深宵獨倚藤道心寒皎月書味淡秋鐙山雨時數點溪雲忽幾層思量明日事飯罷芋頭蒸

七月二十夜大雷雨和乩仙作

冥冥天宇中風雨挾雷吼袈裟換酒回仙人能飲否

附乩仙原作

雨昏人欲靜何處蒲牢吼借問定中身倘著一塵否

與曼衍道人話碧湖舊事戲贈

箬笠椶鞋興有餘憐君結束在官居何如碧浪湖邊去名士相逢話鯽魚昔君開碧湖詩社王雁峯院長以詩譏之云長沙近事君知否碧浪湖邊多鯽魚

紀事

懶貓伸腳睡初酣饑鼠偷油上佛龕夜半雨聲穿枕過此身如在綠蘿菴綠蘿菴在南嶽

病中憶徐小谷陳師曾

風火爲災聚苦因支離銷瘦病中身五更鐘梵殘鐙裏
一息微微念故人

病中喜尹和白諶立三陳梅根雷筱秋王愷琴饒
十三左臺生聶襄才彭星階諸君子前後見過感
賦一詩

一牀方丈萬緣疏落木涼生山雨初最是故人交誼重
秋風肯顧病僧廬

哭剃度本師一首

摩挲定石有餘温不覺三衣濕淚痕棒喝無人規誡絕
此心孤寂向誰論

先師東翁夜過洞庭偶得句云不知何處仙人笛吹落梅花滿洞庭誠仙籟也又山居有山大白雲遮不住長留面目與人看之句皆見道語惜俱未成章病中無事爲足成二絶句以志先師道德文彩於一微塵中耳

湖面君山一點青黃陵月上睡初醒不知何處仙人笛
吹落梅花滿洞庭

天涯無事覓心安世界微塵定裏寬山大白雲遮不住
長留面目與人看

題柏松如廣文爲陸少尉白冤事實後十六韻

陸機本廉吏盜跖爾何愚乃挾百笞怨因加二卵誣風雷森國律星火下州符黑獄安能白青霞亦受污親朋空掩泣患難孰相扶慷慨如君者甯非義士乎逢人都說項爲友竟忘軀且效包胥哭休令杜伯誅覆盆冤果雪任俠世應無大府奇其事諸生式所廬鄭虔猶薄宦阮籍尚窮途天道高難問琴歌晚自娛盤飧甘苜蓿庭宇任荒蕪妙譽馳江左英風扇海隅龍門爭作傳鳳德實堪謨欲識凌寒節孤松與衆殊

野寺

野寺衣青嶂高亭俯碧湘風濤翻夕岸木葉下微霜新

月初成照淨雲忽掩光憂時無寸補慚愧事空王

重哭本師

一病成終古三生未忍論空餘馴鳥迹猶在淨苔痕欲哭還同俗忘情恐負恩西方如可往先師偈云西方吾所願昨夢白蓮花長願奉晨昏

徐又穆明府自沅陵還湘枉駕問疾賦詩奉贈即送其赴清泉新任

林端動棲鳥谷口報鳴騶舊雨成良會名山憶昔游吟髭應更白病骨已經秋語罷浮雲事西風起別愁

遙指清泉縣人喧地自閒白憐分岸水青愛隔城山君

好種桃去吾曾乞食還他時或相訪拄杖叩花關

明妃怨感友人作

明君寧好色玉貌敢承恩不怨畫工誤休將妾意論塞雲悽斷雁關月冷歸魂青塚春來草萋萋向玉門

棄婦吟

棄置復何道徘徊祇自憐郎心無定好妾貌若爲妍難使秋風熱空悲團扇捐蘼蕪何處采長跪故夫前

爲淨業上人題白梅

絕壑無尋處高寒是我家苦吟終見骨冷抱尚嫌花白業宜薰習清芬底用誇卻憐林處士祇解詠橫斜

書胡志學守戎牛莊戰事後五絕句 并序

胡君志學從左文襄積功至守備乙未牛莊之役胡君負營主尸力殺數賊中礮折足遂擒羈海城六月和議成始還至上海西人續以木足戊戌秋晤余長沙出木足及身上槍痕以示爲之泣下感爲五絕句

折足將軍勇且豪牛莊一戰陣雲高前軍已報元戎死猶自單刀越賊濠

海城六月久羈留誰解南冠客思憂夜半啾啾聞鬼語一天霜月矖骷髏

一紙官書到海濱　國仇未報恥休兵回看部卒今何在滿目新墳是舊營

收拾殘旗入漢關陰風吹雪滿松山路逢野老牽衣泣不見長城匹馬還

彈鋏歸來舊業空衹留茅屋惹秋風淒涼莫問軍中事身滿槍痕無戰功

從軍曲三首

十三從軍便守邊五千鐵騎常相連長城一戰陣亡盡我心何望圖淩煙

手把殘旗招夕陽英魂隨余還故鄉髑髏忽起作人語

爲我附書與耶娘
耶娘在家兒遠戍生死不得知其故兒今已與新鬼鄰
兒婦休爲故夫誤

前征婦怨

妾在故鄉君遠戍兩地相思無處訴君還故鄉妾出關
寤中那得曾相遇
夢中不遇復何傷念君新婚別故鄉別時十四今四十
欲寄寒衣知短長

後征婦怨

夫戍邊關妾在家側身西望空黃沙相思不見情何極

願逐春風入塞笳

塞笳忽作嗚咽嗚聲聲是妾斷腸聲斷腸之聲無別念

願君早得還鄉縣

遯叟於九江建琴心樓落成說二偈奉寄

琴志琴心共一心寶甫觀詧先於廬山建琴志樓心心相印一張琴此

琴若鼓人天泣鍾子甯能是賞音

琴志琴心父子樓平生各自有千秋一拳不打斯樓碎

風月無邊事未休

憶明州皈依長老

太白峯前聽法回寒梅二十度花開何時七塔橋邊寺

重禮明州布袋來

寄水月法師

憶昔天台訪赤城與師芒屨踏雲行何堪一返衡山錫草木蒼黃十四更

古詩一首呈曾公子咏周

種松南山中枝幹初成陰方期鸞鶴儔共保歲寒心鵙鴂忽聒聒藤蘿亦森森坐使幽蘭花遷香於別林羣疑久乃釋眞賞仍在襟長荷君子德孤根託高岑

悼可忠和尚二首

衡雲一別後相見總無期詎料揚州去長留湘水悲浮

生雖大謬度世亦明師寂寞殘秋菊還如病鶴姿
卻到安禪室徘徊悽舊情鑪煙如入定經案似平生欲
問雲歸處空看月自明因思眞寂樂轉覺幻緣輕

題盛壽巖明經遊峨嵋詩集

之子抱幽興峨嵋踏翠行三峯何突兀五嶽失崢嶸天
向巖邊沒山從足底生神鐙長不夜自有佛鐙明
不惜千金盡因求一覽奇深山雲作屋古木石爲皮淚
下啼猿峽心清洗象池佳遊應不負贏得有新詩
云著謝公屐會遊金頂邊陰巖常積雪夏衲總裝棉掛
壁銀河曲懸空鐵棧連何當策藤杖親禮願王筵

我聞銀色界常放白毫光澗曲窺蛇浴峯高礙鳥翔五更先見日六月尙飛霜迴與人境別眞爲聖道場

贈沈子粹叟十六韻卽題其一角園詩集兼以留別

沈子餐霞人清風自絕塵心閒能卻老詩好不妨貧妙悟區中要幽通靜裏神錦江曾濯足湘渚獨垂綸乃得山川勝而存竹柏眞苦吟聊避俗高蹈復誰倫莫作郊居賦須扶大雅輪往叨青眼顧重與白眉親著論慙僧肇安禪賴許詢戒珠虛朗潤法味益酸辛龍象休云力鴟鴞詎可馴迷津疲濟渡覺路莽荊榛割切雖無礙行

藏或有因打包思入蜀振錫擬游秦欲斷知交愛其如

涕淚頻浮雲一爲別相見定何晨

奉題俞廙軒中丞卧遊圖六首次原韻

衡山本是鄴侯鄉煨芋親嘗箇味長七十二峯青似昔

請公不用憶錢塘

橘洲寒樹得春温水淨沙明絕點痕樂歲亭前饒逸趣

新詩傳誦到山門

一雨郊原草木柔田夫含笑入城游使君福澤眞殊勝

淺水今行自在舟

莫向君王乞鑑湖青天一月不妨孤好將夜雪瀟湘景

寫作山陰訪戴圖

鏡水稽山記昔過亦曾應供學阿羅月明湘上聞漁唱
猶似湖濱發棹歌

十年行腳理歸裝揀得松枝掛鉢囊今日因公動游興
青山依舊夢中忙

秉香居士新婚索詩

寶閣夜流光仙梧集鳳皇偶攜綠蘿月來醉紫霞觴法
喜成嘉會陀羅吐妙香維摩與天女相見也無妨

戊戌十二月初七夜夢登天姥最高處占此寤而
錄之

絕頂建招提登臨四望低巖雲時作雨山漲自成溪空翠晴猶濕靈禽靜不啼何當息行杖於此卜幽棲

予夢登天姥之七夕忽夢登祝融

忽到祝融頂青天手可捫雲霞飛寶蓋日月浴金盆異采紛難狀羣峯各自尊仙風吹夢失欲覓了無痕

晤沈炯甫談亡友曹悟生遺事感賦

往者曹悟生依君如弟兄每逢老僧話深感故人情竟以窮愁死空留寂寞名相看憶疇昔不覺涕縱橫

紀事十八韻

蜃氣樓臺新更新驚濤滾滾浩無垠闢邪孰起孟夫子

亂世胡生魯聞人豈有忠忱憂社稷但憑游說作經綸燒天欲縱焚書火折檻誰爲請劍臣御史靑驄皆避路郎官粉署復何論思蒓張翰求爲友抗疏匡衡恥與鄰密樹陰林巢黨羽敢從賢路植荆榛去臘乩仙詩云新舊相爭黨禍作荆榛滿地海氛惡蓋預知有今日之變也弄權竟使朝綱紊變法徒傷風俗淪將見明時成暗夜可堪白足混紅塵琳宮梵刹資王化明宋濂云深山大澤無琳宮梵刹必爲虎狼盜賊之藪而二氏亦有資於王化矣敗種蕉芽斷善因未必文章成棄物休嗟像教絕傳薪鳳毛麟角誰能賤貝葉曇花世所珍皎月暫藏圓照影浮雲詎損太虛眞冤禽枉自塡滄海熱血旋看化碧燐某甲謂某乙曰吾輩

此後當以熱血相見及甲伏誅乙往視血猶未冷其言竟成讖矣忍背　君恩沈鬼窟
幸承　帝力轉祥輪涸鱗再躍昆池水枯樹重同柰苑
春鑄錯寧收九州鐵懷柔終使四夷賓願垂佛日光輝
大長頌　堯天雨露勻

前次山陰中丞卧遊圖韻絕句六首意有未盡復
成二律續之

東風吹我夢昨夜過錢塘海月窺人碧天星墮袂黃鑑
湖春水漲禹穴野梅香自恨禪那淺前塵尚未忘
浙東山水好最好是山陰念我意難釋知公情更深其
如丹鳳詔未了白雲心讀罷詩中畫焚香和苦吟

莊秉恆索題未能齋詩遲遲未報因說此偈

居士築齋名未能題詩索我雲中僧遲遲未報有深意
請勿以此生嫌憎吾宗所貴在默證毘耶杜口乃上乘
埽除語言文字障靜觀水月禪心澄世間萬事如泡影
但寶妙明眞性恆

梅癡子爲豁然道人寫梅錄余白梅詩五首於其
上因有餘紙復作此詩

人間春似海寂寞愛山家孤嶼淡相倚高枝寒更花本
來無色相何處著橫斜不識東風意尋春路轉差

送西岸禪人歸萬福庵 已亥

打包應未慣忽憶舊茅庵杖錫遙歸去風光絕好貪幽巖雲蓄翠春澗水拖藍於此安心坐禪宗要細參

劉牧村明府出宰安仁贈詩八韻

安仁非大邑豈足屈賢能田少難徵稅峯寒早結冰巫歌山鬼笑儒服野人憎市小多藏樹塘荒半種菱春風香藥杵落日曬魚罾地僻民情樸官閒道味增論文聊課士攬勝好攜僧他日天元頂相期倚古藤

再題山陰中丞卧游圖仍次前韻

浙江多是水爲鄉雪浪如山接海長幾度乘潮弄明月棹歌催夢落錢塘

行腳曾無一度溫袈裟猶帶海潮痕回思習定天台頂
夜雪漫山虎吼門
江城如畫櫓聲柔雲水蒼茫憶昔游夜泊嚴灘聽猿嘯
萬山飛翠上行舟
打槳曾過賀監湖浪花雲影一僧孤別來十五年中事
重見山陰好畫圖
恩波重許洞庭過棨戟門閒雀可羅棠樹陰成春雨足
夕陽亭館鳥爭歌
萬卷牙籤手自裝五湖烟景入詩囊白雲本是無心物
只爲人間作雨忙

對梅懷陳考功

西江初解凍東閣又敷榮花伴枯禪發根從死地生風霜憐往劫天地惜孤清悞入何郎咏無言淚暗傾

對梅有悟

林園澄夕靄靜對穆余襟自寫清溪影如聞白雪吟三冬無煖氣一悟見春心寂寂欲誰語微雲淡遠岑

送按察使蔡公罷官歸里

長沙遷謫地屈賈尙含寃雲鶴自高舉雞蟲何足論揚帆經汨渚歸棹向章門祗恐 君恩重難容老故園

八指頭陀詩集卷之十終

余俗姓黃氏名讀山出家後本師賜名曰敬安字寄禪近迺自號八指頭陀先世爲山谷老人裔孫宋時由江西遷茶陵明末由茶陵遷湘潭之石潭世業農父諱宣杏母胡氏嘗禱白衣大士夢蘭而生余時咸豐辛亥十二月初三日也數歲時好聞仙佛事常終日喃喃若有所吟誦七歲失母諸姊皆已嫁父或他適則預以余及弟寄食鄰家日昃不返即嚎號蹤迹之里人爲之惻然。年十一始就塾師授論語未終篇父又沒零丁孤苦極厥慘傷弟以幼依族父余無所得食迺爲農家牧牛猶帶書讀一日與羣兒避雨村中聞讀唐詩至少孤爲客早句潸然淚下塾師周雲帆先生駭問其由以父沒不能讀書對師甚憐之曰子爲我執炊爨洒掃暇則教子讀可乎卽下拜師喜甚每語人曰此子耐苦讀後必有所樹立余老不及見耳無何師以病沒然余遵師遺訓不欲廢業聞某豪家欲覓一童伴兒讀卽欣然往就至則使供驅役自讀輒遭訶叱因悲歎以爲屈身原爲讀書計既違所願豈可爲區區衣食爲人奴乎卽辭去學藝鞭撻尤甚絕而復甦者數次一日見籬間白桃花忽爲風雨摧敗不覺失聲大哭因慨然動出塵想遂投湘陰法華寺出家禮東林長老爲師時同治七年余方成

童也是冬詣南嶽祝聖寺從賢楷律師受具首參恆志和尚於岐山專司苦行諸職暇則隨大衆坐禪越五年頗有省時精一首座爲維那閒以詩自娛余諷之曰出家人不究本分上事乃有閒工夫學世諦文字耶渠笑曰汝髫齡精進他日成佛未可量至文字般若三昧恐今生未能證得後省舅氏至巴陵登岳陽樓友人分韻賦詩余獨澄神趺坐下視湖光一碧萬頃忽得洞庭波送一僧來句歸述於郭菊蓀先生謂有神助且曰子於詩殆有宿根遂力勸爲學授唐詩三百篇一目成誦後精師見余所作大奇之然以讀書少用力尤苦或一字

未愜如負重累至忘寢食有一詩至數年始成者念生死事切時以禪定爲正業一日靜坐參父母未生前語冥然入定內忘身心外遺世界坐一日如彈指頃猝聞溪聲有悟嗣後徧遊吳越凡海市秋潮見未曾有遇巖谷幽邃輒歗詠其中饑渴時飲泉和柏葉下之喜以楞嚴圓覺雜莊騷以誦人目爲狂嘗冒雪登天台華頂峯雲海盪胸振衣長嘯睡虎驚立咆哮攫前以慈心視之虎威亦解又曾於深山遇一巨蟒御風行頭大如斗舌電尺餘因念佛亦無怖旋養疴皋亭山中中夜聞剝啄聲甚急啟關月明如晝四顧無人如是者數次次夕伺

叩門聲急開戸見一黑團亂躍余與羣犬窮追抵山腰厲聲曰我是箇窮和尚不擾汝汝何惱我我豈汝怖病尋瘉住四明最久窺天童雪竇窮攬霞嶼月湖之勝郡中呂文舟徐酡仙胡魯封馬文齋沈問梅諸君相與唱酬余口吃字拙嘗作詩寄李炳甫茂才有花下一壺酒句書至壺字忘其點畫遂畫一酒壺於上酡仙書法名一時出紙强余爲書筆畫錯落左右易位如倒薤然每讌會酡仙以懸之中堂諸客觀者無不絕倒也余平日於文字障深禪定力淺然好善嫉惡觸境而生嘗渡曹娥江謁孝女廟叩頭流血同行者曰奈何以大比丘而

禮女鬼余曰汝不聞波羅提木叉孝順父母諸佛聖人皆從孝始吾觀此女與佛身等禮拜亦何過焉甲申法夷犯臺灣官軍屢爲開花礮所挫電報至甯波余方卧病延慶寺心火內焚唇舌焦爛三晝夜不眠思禦礮法不得出見敵人欲以徒手奮擊死之爲友人所阻因萌歸志太守宗公源翰韙之是秋八月返櫂長沙余年三十有四計行腳已閱十霜矣越明年省先塋宿莽縱橫不可復識望窮山慟哭幸村老有存者指示方能記憶蓋自兒時葬先君來此倏忽二十餘年罔極恩深生不能奉甘旨死不能導神識不孝之愆眞百身莫贖也自

是常往來湘衡閒有所作輒就諸名宿正其得失友人陳君伯嚴羅君順循憫余吟詠日久爲之芟定自癸酉始迄戊子得古今體詩若干首付之手民嗟嗟余自爲如來弟子不能導衆生離火宅復不能窮參究徹法源底迺墮文字自拘恥孰甚焉因將平生幻迹學詩緣由言於卷末以示余學道無成卽以此自爲懺悔令大覺海中增一浮漚可也敬安述

八指頭陀詩集述終

八指頭陀詩續集

楊度題

己未仲冬月刊
於北京法源寺

八指頭陀詩續集卷一

釋敬安寄禪

牧牛偈示沙彌蓮舫 己亥

觀心如牧牛要將鼻孔穿芒繩在我手收放得自專勿令犯苗稼時時痛著鞭劣性既已馴乃可樹下眠人牛兩忘迹草色空芊芊努力策前修光陰勿虛捐

感事偶作

本來行脚慣何用乞心安石亂泉常咽風高雲更寒徒吟五字穩欲息一枝難萬化歸眞定從他變鼠肝

自笑

寒巖枯木一頭陀結習無如文字何自笑強書塵世字却嗔倉頡誤人多

割肉燃燈供佛勞了知身是水中泡祇今十指惟餘八余曾於阿育王寺燒二指並剜脊肉燃燈供佛似學天龍吃兩刀昔俱胝得天龍一指禪後嘗豎指示人其供童效之爲俱胝所知召而問曰吾聞汝會佛法是否童云是遂問如何是佛法大意童豎一指俱胝亟以刀削之再問仍豎見指斷血流遂大悟

三月上巳後六日會公子詠周招道俗八人雅集浩園限韻賦詩憶前年此會至者爲易遯叟俞壽臣陳師曾陳戴白鄭湛侯及其子叔獻與余共七人今遯叟棲廬山湛侯宰甯鄉叔獻死京

師師曾返章門預茲會者惟予與戴白壽臣而已

龍城公子詩中史萬有羅胸富神理不妨玉樹雜蒹葭高閣春風淡相倚名園桃李參差香詩壇獨步何堂堂擊缽聯吟興未已新篇擲地聲鏗鏘郊寒島瘦何足道鳳舞龍翔得名早尼山鷲嶺共遨遊理窟禪宗等深造座中諸子皆英豪其間舊雨間新交因憶前年同此會風流雲散蒼天高支公遯叟自言爲支公後身已入廬山去迢遞關河隔煙霧九疊屏風夢裏青何時却共東林住薄宦猶憐老鄭虔西河有淚徒如泉陳蕃亦返章門棹三月

煙花空自鬧歡娛曾歷幾何時不堪舊苑今重到彈指春光又一年忽驚鬢鬢已蒼然感君意氣還如昨責葵燒筍重開筵清議豪情自殊衆文殊亦受維摩供漫將禪悅答檀施强作伽陀酬雅頌明朝歸卧衡山雲寒巖煨芋與誰分鄴侯不作昌黎死眼中之人望吾子

贈朱蒓卿太守次韵席崑崙原韻

何年仙客下崑崙欲把西江一口吞金粟前身應已悟玉堂舊事好重論偶窺龍藏尋禪話曾讀羊碑拭淚痕政事文章在人口不勞吃吃老僧言

贈哭庵觀察叠前韻

多生積骨等崑崙淚點都歸恨海吞別有傷心惟自哭
難將此意向人論東西南北魂無語富貴功名夢有痕
山水情濃恩怨淡（用公語）英雄本色是眞言

感懷二首三四疊韻

休誇大海與崑崙彌勒能將巨口吞十世古今俱是幻
孤雲懷抱向誰論等觀佛祖袋中屑淨拭河山鏡上痕
不二法門親證入拈花一笑更無言

神游吾亦到崑崙日月雙丸近可吞蹈海求仙徒自困
生天成佛豈虛論寒巖枯木孤禪意流水桃花舊淚痕
老我津梁了無濟聊持半偈息羣言

懷黃孟樂大令江南

聽斷蓮花漏滴聲。曉鐘殘月不勝情瀟湘水與秦淮水。
併作離愁繞石城。

贈葉吏部五疊韻

高懷直欲小崑崙雲夢胸中八九吞獨抱孤忠憂晚事
力排邪說吐淸論愁聞電堠傳邊警忍見銅人泣露痕
爝火然薪時已至治安徒有賈生言

六月朔夢至一山林壑幽秀絕似剡中覺而賦此

山翠濃如潑憑虛排萬峯川原迷遠近巖壑見孤雄虎
吼將崩石雲扶欲倒松溪行正幽絕何處一聲鐘

答李佛翼公孫六疊韻

衡山㐫兀即崑崙萬古雲霞自吐吞芋火巖高香尚在石頭路滑道誰論禪宗燈續馬師派神禹碑留鳥篆痕七二峯巒青在眼把笻指點為君言

重贈實公並題其崑崙集七疊韻

詞峯峻極矗崑崙五色牟尼互吐吞名士風流俱絕調仙童狡猾莫輕論（仙童狡猾乃湘綺先生戲實公語也）篋中諫草都成血衣上天花不著痕君父恩深難報答焚香長白世尊言

八疊韻送實公入都

何人更解唱崑崙別淚臨岐各暗吞出岫無心雲自懶

沖霄有志鶴同論好憑造化同旋力。重補山河破碎痕

我已辭家猶憫世公勤王事復何言

九疊韻贈葵園先生

巍然魯殿重崑崙學到河汾萬派呑自註六經傳正脈

獨持高議息羣論東山絲竹陶情緒北極星辰繞夢痕

知念時艱心更苦白頭猶復闡微言

十疊韻述懷並呈葵園先生

兩輪日月繞崑崙欲破脩羅取次呑世出世間俱有累

人非人等不須論牟尼寶殿含愁影帝釋花冠現萎痕

莫遣狂龍更流毒大鵬忍負負天言

十一疊韻呈葉吏部

平生積謗聳崑崙誓捨殘軀肆虎呑助我能脩忍辱行
畏人不作絕交論半肩行李孤雲影一領袈裟萬淚痕
讚毀從來沒瞋喜日魔日佛任公言

十二疊韻呈笠雲本師

法門望重比崑崙法海波瀾滿腹呑自掃白雲遲客至
不將丹訣與人論心香一瓣爐無燄面壁多年石有痕
我學神光思斷臂門庭立雪乞師言

漫興和江右謝渭巖韻

須彌頂上踏雲霞俯視支那祇一華碧海青天鵬作屋

蘆花秋水鴈爲家人民何異生風蟻歲月眞如掣電蛇
古往今來皆夢幻誰從火宅問三車

秋懷

西風吹淚上袈裟兩鬢蕭蕭感歲華老去一身渾似葉
愁來四海總無家遠公社裏蓮將落陶令籬邊菊未花
欲白空王先痛哭可憐歷劫已恒沙

感懷呈蔡伯浩觀察

蕭然瓶鉢欲何鄉垂老天涯鬢已霜出世尙爲人所忌
浮名終與道相妨秋江水落魚龍遠野寺雲生狐鼠藏
一掬西風知己淚焦桐猶遇蔡中郎

贈按察使湍公八韻

湍公有道骨五欲不能醺秉節辭丹陛分曹憶白雲公舊官刑部燕人思舊德楚老頌新芬霜落柏臺淨風清柰苑聞和羹期十載煨芋好重分待畫麒麟閣相隨鸞鳳羣元根知已固案牘莫言紛他日西山頂丹成駐夕曛公喜談丹（十三友）訣

中秋夜偶作

太虛雲淨欲三更趺坐繩床萬慮清丹桂著花寒有影碧梧含露靜無聲世途漸已崎嶇過吾道多因患難成難得今宵好圓月照人偏向定中明

贈陳六笙觀察 并序

公官浙久歷任杭台諸郡由杭嘉湖道遷湖南岳常澧道旋權衡永道已亥夏權鹽巡道署側萬福禪林爲公供養香火處延余主席感賦六絕以贈

錢塘江上射潮來多少魚龍勢盡摧怪底詩中有雲氣曾扶拄杖到天台

湖海元龍意氣豪眼中甯有霍嫖姚剔鬚投幘眞奇士何止淵明懶折腰剔鬚公在蔣果敏營時事

南來爭識老人星三載淸風滿洞庭應笑神仙祇耽酒

岳陽樓上幾時醒

偶移使節駐長沙老去逢秋興倍賒料得公餘無箇事
一簾疎雨詠黃花

欲將妙筆比羲之鐵畫銀鉤老益奇北海無人曾公死
浯溪嶽麓要新碑公曾書劃山二字方廣丈餘刻於浯溪崖壁

衡嶽高高凌紫氛鄴侯遺澤尚流芬懶殘爲感平生遇
替守青山與白雲

憶天台茅屋二首

昔年台嶽三間屋置向千巖萬樹尖華頂平鋪雲作海
石梁橫截水爲簾一作閉戶却看雲在牖掛簷祇用水爲簾多栽紅芋仍充

飯淡煑黃虀不著鹽回憶山中無曆日看梅花卜歲將
淹

壞衲蒙頭夏不溫萬峯寒翠冷心魂老猿去摘霜晨果
餓虎來窺雪夜門衲底白生知海氣眉端青壓是天痕
赤城合眼時仍見笑把朱霞帶日吞

憶南嶽烟霞峯舊居

懶擕瓶鉢走天涯嶽頂還思著我家沙罐夜煨紅米飯
竹籃春摘白芽茶倦眠一石雲爲枕冷入千林雪作花
何事人間頻乞食此心已是負煙霞

過湘陰屈子祠

湖上微霜踏葉過荒祠寥落倚巖阿湘娥隔浦啼秋竹山鬼迷煙帶女蘿異代惟留騷客恨獨清其奈濁流何當年不作懷沙賦終古無人弔汨羅

秋夜寄懷周笠樵舍人用見懷原韻

龍宮鐘梵暮飄蕭耿耿秋懷鬱不消籬下香憐黃菊瘦意中人共白雲遥禪心朗印千潭月詩思寒生一葉蕉準擬明春來問訊高吟同送百花朝

宿萬壽寺曉登雲麓宮望城中一首

理筏涉風濤杖策度林樾楓壑流逺丹桂嶺明秋潔暝投精舍宿禪誦猶未歇高松墜寒籟深澗貯涼月寂照

兩俱融根塵忽超越晨鐘從定起幽逵冒煙發浥露躋山椒憑虛俯城闕邈矣衡嶽雲皎然湘流雪至理匪言詮泠泠契禪說

十三疊韻贈陳默廬觀察 庚子

元龍豪氣撼崑崙吸取黃河當酒吞世事且隨雲共幻此心宜與月同論西湖夢覺黃鸝語南浦春回碧草痕他日寒巖煨芋熟可能來踐嬾殘言

十四疊韻與默廬論道

掀翻大海倒崑崙魔佛齊教一口吞是聖是凡名强立非無非有意難論欲參最上眞如諦淨掃虛空粉碎痕

妙意微茫須自悟豐干饒舌豈能言（十二元）

戲答沈炯甫

從他腰繫紫金魚似我山居恐未如鳥解啣花猿獻果虎能守戶鶴傳書定中流水自清冷身外浮雲任卷舒欲把禪心印明月池邊種樹不妨疎（六魚）

示僧可

平生所寶爍迦心不貴人施佈地金幽谷有蘭都作草懶雲入岫豈爲霖惟愁食量隨年減且喜吟髭逐日深蓮社交遊多礙道欲借惠永住西林（十二侵）

蔡仲岐廉訪自江右寄示寓真軒詩鈔及放游錄

題此奉贈

蔡公曠達世罕儔罷官還作名山遊直浮洞庭下鄂渚欲攜黃鶴隨白鷗匡山攀斗興更發忽放扁舟入吳越錢湖禹穴恣冥搜鴈蕩天台詫奇絕迢遥渡海謁神京爲愛西山爽氣清重瞻鳳闕應垂涕誰念孤臣去國情倦游且返西江棹世外烟霞從所好不因謫宦遺塵纓聖地靈區幾時到嗟予禪寂廢幽尋孤負蒼茫雲水心何當一宿東林寺共聽蓮花曉漏音

憶四明山水四首 並記

天童山距甯郡六十里四明志載晉時義興禪

師結茅於兹感太白星化爲童子給侍薪水故名天童又名太白宋王荆公及明人皆有詩山有宏法寺舊稱玲瓏以寺西玲瓏巖得名陸游有游玲瓏巖詩余於癸未春習定巖中一夕步月歸寺見蛇於池蟠聳如塔忽虎聲嘯林雷雨交作溪水陡湧數尺詢老宿云山中數十百年龍虎必鬥鬥則海上兵起未幾法人入寇

四明山好是天童我昔誅茅住此中二十里松青夾道萬千竿竹綠浮空長蛇盤澗水湧塔老虎嘯谷林生風願逐白雲還絕𪩘頻年棲定碧玲瓏

阿育王山與天童並峙爲四明佛地按阿育王傳王於釋迦佛涅槃百年後始生爲鐵輪王有神力碎七寶爲末和以香泥於一夜造八萬四千塔每塔置舍利一顆請耶舍尊者放光八萬四千道勅諸鬼神於閻浮提選六殊勝境八吉祥地乃安一塔中國舍利塔古十九處阿育王山所藏其一也山有放光松以宋時舍利於松上放光故名太宗聞舍利靈異迎入大內初以火燒錬色愈光既使力士以金剛椎擊之無損痕而椎破矣舍利光燭宮殿因額塔曰最勝光明

之塔殿爲吉祥殊勝之殿蓋舍利即華言堅固

人能三十年固精不摇則遍體皆生舍利但無

光若佛舍利乃神應無方耳

青山如鳳欲迴翔勝境天開八吉祥舍利有光爭日月

浮圖無語閱滄桑長松偃蹇蛟龍卧古殿陰森神鬼藏

我有茅庵臨絕頂白雲應爲護禪床　　又陽

雪竇山在甯波奉化縣山水爲浙東第一資聖寺

當山椒寺前諸溪滙積出奔於千丈巖巖腰一

石竇激水騰起散爲飛雪故名雪竇千丈巖與

徐凫巖瀑皆數千丈而上中下三隱潭之瀑比

之天台石梁爲尤奇下潭側突立石笋數千仞苔花繡錯如優波毬多入定天魔以瓔絡繫其頸循石上爲妙高臺俯視天台四明出没雲際如拱如揖昔宋高宗夢至一山臨海上巖壑幽邃覺而異之詢羣臣知爲雪竇乃書應夢名山四字榜之今石刻尚存

昔年取道入天台曾打溪橋越嶺來瀑布晴飛千澗雪洪鐘曉動萬山雷青松有約長偕隱白髮無情老更催知憶龍潭秋夜月夢魂時繞妙高臺

普陀山在大海中去定海三十里寒暖適宜草木

靑蔚山多蛇性馴無毒論者謂大士所感又世稱紫竹林者在此是間無竹惟石色紺紫紋若黑竹然因以是得名環山皆精蘭梵刹鐘磬鏗然當大海淨空澄登佛頂峯望之恍置身琉璃界上幾不知有人間世也梵音洞乃大士現像處四衆睹者不同吾湘郭意城先生來此瞻禮

摩𢥞心現像四字於壁

昔余浮波入大荒一葉與之相低昂黑風險墮羅刹國白日愁渡蓮花洋舟人忽云彼岸到估客爭爇旃檀香法筵清淨未曾有海水盡放琉璃光

寄題蓮峯方廣寺並柬寶上人

踏徧衡山翠萬重舊遊吾最憶蓮峯潭光陰黝龍藏毒草色深青鹿養茸野徑斜陽穿壞塔寺門蒼雪墜寒松別來徒有煙霞夢塵海茫茫負此胸（二冬）

陳六笙觀察寫其像爲老比邱說法狀以六美環侍其側題曰六賊戲彌陀蓋取楞嚴六根爲賊之義因說四偈奉讚

茫茫宦海浪掀騰此老蕭閒似野僧身未出家心已淨故將禪悅寫溪藤（十蒸）

何來六賊戲彌陀都是心中自起魔迷則六根成六賊

悟時六賊六波羅

欲界凡夫秖醉迷深山愁煞老闍黎牟尼在握人誰識
顆顆能清濁水泥

維摩詰是箇中人天女何妨繞定身打破色空關棙子
髑髏頭上野花春

挽朱蕚生觀察二首 並序

歲乙酉於黃容瑞孝廉處見君相與談越中山水甚樂屢約爲棠坡之遊不果後數年又遇於衡州雁峯寺自此遂不復面矣嗟嗟浮雲一別泡影三生追憶曩游不勝悽惘因爲挽詩二章

以志蓮社之交云爾

昔時黃大合見我總論文高視無餘子清談每及君如何林下約空望嶺頭雲四月湘山路鶯啼不可聞衡州一爲別忽忽十年餘摩詰常多病稽康罕寄書因悲哲人往轉覺故交疏寂寞蓮花社誰過惠遠廬

題朱孝廉夏灣別墅一首 並序

予與景喬孝廉別三年矣庚子夏五以事至棠坡得重晤話舊極歡明日速予過談適章癡生茂才館其家章固風雅士一見如故論詩之暇相與嘲謔雖東坡佛印不是過也景喬稔知予

性饕餮每食必勸加予以連日言食頗倦偶假
寐却餐景喬詫甚偕章戲曰師不食得毋以圍
蔬味薄耶晚間當供水梭花且曰此物食水草
性潔非葷捨師五臟廟中與黃虀白粥同參禪
悅師當納受予吃吃難辨詩以答之

故人命筍輿速我至山居一笑成佳會清言論道書徵
涼生砌竹細雨摘園蔬卽此有眞味何須勸食魚（六魚）

初伏日題宿雲律師禪房二首

碧梧葉淨自生涼三兩幽禽語夕陽閒捲疏簾坐微雨
藕花風透衲衣香

尊者慈心伏虎蛇閉門常誦妙蓮華缽中留食知師意
應念庭槐有乳鴉（叢）

王子鴻叅軍自衡郡養疴還省贈詩一首

叅軍亦吏隱長歌遺塵纓閒居謝物役以病固其精昨
經衡嶽歸夢中山猶青念彼噉名客擾擾神無甯石火
爭微睒幽谷競虛聲豈知曠士懷不為好爵縈高結黃
鶴契冷尋白鷗盟伊余美元度時與論金經有我即為
患況復有吾形淨理雖自契心月徒孤明終期妙善圓
一悟證無生

題龍萸溪明府眠琴綠陰小影

池邊雙柳樹綠色已成陰時有好靜者於茲調素琴憑君流水意寫我出塵心不悟鏡中影誰知絃外音 十一使

重晤陸桂亭明府 並序

辛巳冬余挂錫明州阿育王仙寺公與兄桂山茂才見訪於秋水山房誦余水清魚嚼月山靜鳥眠雲之句極加歎賞乃偕觀金沙井玉几峯諸勝公所居寶幢市距寺僅二里許時相過從明年秋余因事至杭州適鄉闈揭曉公兄中式然已於榜前謝世矣識與不識皆痛惜之時壬午九月也越二年余還湘與公不通音問者二

十年去歲有僧自明州歸詢公近狀始知公於
數年前以進士授吾湘新田縣尹今秋公調簾
回省聞信走謁若昧生平語及舊游始得恍悟
遂相與泫然感賦此詩

昔於阿育王山寺會見君家好弟兄玉几峯頭看月坐
金沙井畔踏雲行追談往事如昨日久別初逢似隔生
太息故人今宿草西風吹淚各縱橫

余既晤桂亭明府旋送其還新田重贈以詩

二十年爲別逢君又送君何堪一揮手便隔萬重雲嶽
色隨帆轉灘聲作雨聞舟中對明月應憶白鷗羣

八月十七夜許正卿過訪贈詩依韻奉答

寂寂一鐘音蒲龕坐夜深秋燈無熱談寒樹抱冬心不是幽人至誰同冷處吟相留咒雲片勿使月輪陰

夜坐

古寺夜誰鄰孤禪影自親破窗風滅燭窺隙月尋人頗得眞寂義猶留未了因晨鐘數聲動愁見六街塵

秋夜

老猿解禪定夜久亦無喧室白月在壁燈昏風動旛孤衾棲冷夢寒葉斂秋魂雨過添衣坐泉聲穿竹根

夜坐有得

丹桂吹香過碧岑蒲團枯坐夜禪深殘星墮戸白生室
秋鬼提燈緣入林萬壑松寒孤鶴夢千巖月落一猿吟
超然象外忘言說惟有虛空印我心

八指頭陀詩續集卷之一終

八指頭陀詩續集卷二

釋敬安寄禪

碧浪湖感舊詩一首

湛湛湖中水，莪莪湖上亭。昔余恣幽討，每偕道俗經。弭棹擷芳莢，披煙憩寒汀。俄驚鬢鬚改，始覺歲月更。陵谷一遷變，蘭蕙繼彫零。重尋迷術阡，往迹翳荒荆。積阜蔽遠觀，枯魚喙乾萍。潛龍既失勢，坼龜今成形。逝川無迴波，浮雲靡停征。衰草競秋綠，寒山猶舊青。感故生新悲，觀空有餘懷。

山行既暝，還憩松寮，宴坐有得，述爲偈言

山八午睡罷山鳥時一鳴悠然起逸興縱步林間行溪雨散微涼空翠搖孤清叢竹翳荒澗秋桂流遠馨白雲賞我趣夾路如將迎林深不見人稍辨歸樵聲幽情既已愜植杖返柴荆煙蘿含暝色鐘梵何泠泠夜深禪更寂松際月孤明靜對忽忘照身心亦已冥言思難恍惚强名曰無生無生豈可證一悟躋元扃神會罕與同默默空含情

陳仲鹿觀察需次湖北新奉奏調陝甘將赴行在來湘省親病故於鹽署賦五律十八韻哀之

二聖蒙塵日羣凶亂國辰生靈苦塗炭宮殿化荆榛戢

暴須良佐扶危倚哲人正平才絕俗文舉薦殊倫黃屋求賢急丹書拜命新趨庭方適楚赴闕即過秦鬼伯何相促天公甯見嗔西河揮老淚南嶽失芳鄰煨芋竟誰贈歌蒿獨愴神彭殤均大化支許或前因白社論交晚青門悵別頻幾會淹日月終古卧松筠苦冷題詩壁香餘漉酒巾含悽開梵筴隕涕望楓宸徒切看雲思難留砥柱身撫時空憤激嘆逝屢酸辛欲下巫咸問還將楚些陳恐傷顏路意不敢哭回仁

義甯陳中丞挽詩二首

疾雨驚雷挾嶽馳天南一柱遂難支滄波東海橫流急

白首西山拄笏遲功罪一時原未定春秋千古豈能私
鄂州遺愛何容泯應爲公刊墮淚碑
見說辭家四十霜歸來舊業已全荒既無彭澤五株柳
那有成都八百桑死痛青山難葬骨生憐白鶴與休糧公罷官後結廬西山嘗畜一鶴自隨今歲先公而逝公哀之爲銘以瘞道人平等無恩怨
猶自潸然對夕陽

李郁華明府以石濤所畫老樹枯禪圖索題圖中原題有空山老樹一坐四十小刼十字因反其意爲四偈

莫倚藏身有此圖如如不動祇迦趺忽然刼火燒塵刹

留得空山老樹無

一瞬恒沙刼數過休云是定祇名魔因他不解禪宗意

死水徒然不起波

此事須憑一悟眞虛空粉碎露全身回觀文字皆糟粕

有口何能舉似人

末刼刀兵苦事叢瘡痍滿目盡哀鴻阿師若具慈悲力

何忍低眉坐樹中

山居書懷十二韻

二十餘年事回思淚卽傾每憐龍象泣不避虎狼行毒

草終難剪幽蘭恥競榮身全緣咒力道退誤詩名未證

三乘果空堅五字城苦吟生白髮多病覓黃精坐久蒲團破寒深布被輕老來耽靜僻客至懶逢迎苔蘚沿階上藤蘿向屋橫池虛惟受月樹密但聞鶯冷翠藏陰壑微雲養太清祇嫌樵子過使我小猿驚

遣興

鎮日蒲團坐若痴興來說偈便成詩傍人若問余何事也要消閒十二時

感事二首爲王莘田作

皎皎晴虛絕點塵忽然雷火欲焚身老僧冷坐蒲團上不信曾參竟殺人君與某姓名相同被誣幸大吏公明得釋

一紙疑書是禍根小民忍痛復何言姑憐湛湛湘江水
終古沈冤有屈原

山居戲作

青菜堆盤任飽餐幽居有味却難言風雲變幻悲塵世
草木榮枯見道根孤月自澄潭底影千花徒艷鏡中痕
老來豪氣消磨盡閒戲癡猿擲果吞

書懷兼呈梁孝廉

結習惟餘文字存每憑定力攝詩魂鬚從撚斷吟逾苦
一字吟成一淚痕
由來此事解人稀白首淒其向翠微雨過楓林秋瑟瑟

孤雲一片冷無依
却抱瑤琴不忍彈松根煨盡磬聲殘衲衣夜冷知山雪
明月梅花祗自看
欲把幽懷語向君青天一鶴久離羣人間無處留清夢
長在千峯頂上雲

贈張辛伯先生

八十一翁如後生出門無杖亦能行兒時親炙阮文達
老輩平交何子貞（公與何貞老俱出阮文達門下）台嶽看雲曾獨往洞
庭醉月每孤傾不須更問禪宗意閱盡滄桑道眼明

贈沈烱甫即次葛倦翁原韻

沈子抱孤憤雞中鶴出羣心齋能學佛筆陣自成軍入道輕朱紱尋僧話白雲相交眞莫逆不獨在論文

贈吳漁川太守六首並序

庚子七月夷兵犯京師兩宮率王大臣貝勒數人微服出狩閱二日人馬飢憊時公方宰懷來奔赴榆林鎭躬迎車駕入城始進服膳慈聖泣曰我出京至爾邑沿途不見一百姓何況官耶汝獨迎我誠忠臣也語及義和團民卽痛哭失聲蓋邊禍實由民教相仇也明日起蹕西巡擢公知府未幾命赴兩湖催餉余與公別十年矣

重晤長沙爲述二聖蒙塵情事及恩遇之隆相
與痛哭於其行也賦五律六章以贈之

故人不相見幾度薊門秋忽奉秦中詔還爲湘上遊白雲聊共話滄海倘橫流一掬傷心淚南來灑未休

煙塵方澒洞朝士半偷生念子將王命慚余憇化城空云龍象力難息虎狼爭欲上祝融頂迢遥哭帝京

強鄰何太酷塗炭我生靈北地嗟成赤西山慘不青陵園今牧馬宮殿祇飛螢太息蘆溝水惟餘戰血腥

聞說西巡日慈輿涕淚頻可憐堆白骨祇是痛黃巾邊地猶防寇長途不見人倉皇二百里供帳始微臣

莫小懷來縣會停帝后車園蔬充御膳官舍奉宸居奇
遇人皆說忠臣聖所譽不知沾雨露感激更何如
天涯歲云暮王路復馳驅絕塞一鴻遠遙天片月孤行
吟辭白社歸夢繞黃圖回首衡雲隔還能相憶無

羅順循大令自直隸新歸又有日本之行作此贈
別

死地生還又別家一身如葉去中華秋風日落田橫島
海色寒生博望槎豺虎未平空有恨魚龍相狎靜無譁
扶桑到日應重九何處登高對菊花

題劉樸堂觀察白雲課耕圖

峩峩溈山高湛湛溈水流中有素心人愛此林壑幽豈忘稼穡難繞屋皆田疇田夫力作苦歲時無少休晨光猶未晞烟中聞叱牛山人憫其勞壺漿每見酬曰農聽余言富貴豈外求勿辭四體勤五穀豐有秋披圖識深意望雲心悠悠

寄葵園老人二首

九天一疏大璫驚垂老煙霞愜野情應笑山僧未忘我與人猶自競詩名

老人老矣復何求白首栽松爲鶴謀今日巢棲霜露淨西風長憶仲宣樓

小雪日過王翊鈞茂才觚齋戲題

觚齋不厭百回過一笑論文樂有餘得句固應爲我喜有詩還要倩君書孤城細雨重陽後古寺寒鐘小雪初待拾枯松煑野菜相邀粗飯意何如

長沙黃仲蘇龍硯仙俱以知縣需次江南入別不見各作絕句四章寄之

問疾毘邪憶昔年一肰方丈共譚禪文殊枉自多才辯杜口維摩意更玄

世界三千一粟看眼光如月照人寒可憐天上四禪客屈作江南七品官

萬卷牙籤傲鄴侯等身著作自千秋十年宰相尋常事
懶向殘僧乞芋頭

青松手種已成圍不改清陰待鶴歸何日紫微山上寺
一湖煙水自忘機 右寄仲蘇

久與牟尼結淨因了然心地不生塵惟於陶令偏相念
曾作蓮花社裏人

香火緣深老不忘湘江風雪記聯牀故人徒有吳黃在
曩承贈詩有故人吳黃昨相見誦子佳句逢人傳句瘴雨蠻烟各一方

一刻滄桑幾變更大江東望不勝情昔年兩鬢青青客
料得憂時白髮生

聞道咸陽駐翠華不禁清淚溼袈裟孤雲出岫宜爲雨
五柳成陰莫憶家 右寄俔仙

題沈伯華明府吳興城南老屋圖即次山陰中丞
原韻

浙游恨未到吳興山水清奇自昔稱水作碧環明皎皎
山如翠浪捲層層
會談三乘鹿牛羊趙松雪會延中峯國師於吳興講法華牛鹿羊三乘大義誰辯中
峯舊講堂松雪無人鷗夢冷趙松雪鷗波亭亦在吳興時聞偲梵下
殘陽
一幅城南好畫圖蕭閒竹樹綠陰餘春風十里苕溪水

直接詞人白石居姜白石故居距苕溪最近

貧僧亦有天台屋守尸溪猿想倘存安得相攜入雲窟

卧看飛瀑老山村

題鄭湛侯明府停雲十二圖

淵明昔有停雲作湛老今爲話雨詩北固繁笳猶在耳

東臺佳會豈堪追圖中有北固繁笳東臺佳會諸詠畫圖十二皆陳迹

世界三千總幻思觸我故人存歿感虛堂對影淚如絲

哲嗣叔獻孝廉曾與余照影留別每一瞻對輒爲黯然

題魏春階司馬看劍圖

長鯨吸海波瀾枯神龍徙宅遺其珠大千腥垢無淨區

人天隕泣宗社蕪昭陵魏侯烈丈夫古之任俠今則無赤手欲將天柱扶龍泉三尺隨身俱酒酣看劍長歎吁國仇那敢忘須臾青天朗朗明月孤行矣努力毋踟躕殲除毒虺斬豐狐妖魅閃屍伏其辜血腥盪滌劍不汙功成皈依佛之徒老僧待子蒲團蒲

武陵春傳奇書後

世已無淨土煙波寄此身長謠楚天暮一曲武陵春時事紛棋局生涯托釣綸滄浪何處是滿目但迷津而我出世者幽憂未可言有身成大患無地著空門塞海哀精衛蒙塵痛至尊含悽向漁父休更說桃源

贈日本中炯含山

君從日出處萬里到潭州時事滄桑感風濤海國秋不辭遠行役豈但美遨遊相對情何極高吟月滿樓

懷日本岡千仞即次甲申夏日遊四明天童玲瓏巖原韻

高人白首卧東瀛應憶天童水石清洞古苔深無客到巖陰晝靜有蟬鳴松杉曾見當年植鐘梵同聽下界聲雲海茫茫萬餘里因緣强自說來生

寄遯叟

九江廬阜下遯叟此棲遲常遣青鸞馭遥招白老兒哀

時餘涕淚辟世有須眉安得隨吟杖青山掇紫芝

白老兒西山得道蟒精數降乩與公和詩

上林寺入院示衆

上林鬱旃檀不雜凡木香龍象此蹴踏豈容狐兔藏敬也暗內修虛名徒外揚自僻雨華請久與人天荒焉知十二載避席仍升堂寂寂本無照冥冥似有將願爲甘露雲普蔭火宅涼願融百毒味併作醍醐嘗敢告大衆言努力各自强勿隨識浪鼓沒我浮海囊勿被毘嵐風撼我須彌王此事如磨鏡垢淨自生光但令狂心歇即是菩提場

辛丑夏俞壽臣既歸江南爲詩補贈湘江之別並寄其兄恪士觀察陳伯嚴考功兩家父子次錢牧齋贈別蕭白玉原韻十首

久矣萬緣寂其餘別思何空持投轄意還忍聽驪歌湘上春愁遠江南煙景多因之憫吾弟無計慰蹉跎（胞弟子成流落江南）

音塵雖已隔猶自悵離筵白榜春波棹黃梅細雨天重逢方匝月小別已經年不折垂楊贈柔條亦可憐

卻憶陳公子追隨似目前因開白蓮社同放碧湖船高閣坐秋雨孤蟬吟夕烟舊遊那忍說彈指十餘年

元武湖中月遲知泛短篷涼生蒲葉雨香送藕花風悵望千山外沉吟五字中離懷無處寫珍重託郵筒

勝遊難再遇回首一沾衣舊雨幾人在孤雲獨自飛寒燒榾柮火久息箭鋒機他日匡山頂相期皓首歸

比部別余久改官淮水濱買山曾有約蹈海復無人萬戶同聲哭四夷何日賓九原如可作應更泣孤臣謂四覺老人

出世嗟無補含悽卧紺園既傷麟在野還慮虎窺藩靜覺風幡動苦吟霜鬢繁知君情更切不寐月臨軒

慎郎子恪士及師子子伯嚴與我有幽期皎月光初滿浮雲

變豈知分飛從此日把晤更何時天地荆榛塞徒然眷所思

且自拈花笑休懷厝火憂求仙原是妄媚鬼亦堪羞易到無爲地難乘有漏舟故鄉期共返莫祇認并州

浮生如旅泊大刼祇崇朝早避紅羊出堅辭白璧招澄心觀水月托迹向漁樵若悟無生理封書慰寂寥

夢洞庭得句

昨夢浮杯渡洞庭湖波汩汩雲冥冥岳陽樓上坐吹笛飄落君山一髮青

八指頭陀詩續集卷之二終

八指頭陀詩續集卷三

釋敬安寄禪

酬但方伯惠扇

煩暑忽已失仁風忻奉揚如臨谿石坐自覺衲衣涼老樹生新蔭幽蘭吐妙香何當慰黎庶披拂及林塘

叠前韻再贈

此老漫云老摩雲健翮揚高齋談淨理一雨送微涼鳥雜梵音語風繙貝葉香謝公詩興好青草滿池塘

雨後茅亭小憩二叠前韻

茅亭宜宴坐鳥語自幽揚綠竹洗寒翠碧梧生夜涼禪

心無住相佛火有餘香定起看明月荷風來曲塘

桐桂山館三疊前韻

山館蘊芳馥清風時一揚庭陰不知午心定自生涼竹几繙經倦藤花落枕香遙憐遊子夢千里下瞿塘公長公子萸太守將由蜀奔母喪來湘

感事復呈四疊前韻

時事方棘手王風久不揚江湖波氾濫天地色淒涼獨灑憂時淚長焚靜夜香知公心更苦請築捍潮塘

酬龔龍陽五疊前韻

哲人若蘭蕙芳馥靜彌揚眞想不隨俗清吟自灑涼公

磨心作鏡我爇戒爲香談笑入淨理蓮花開野塘

憶天台方廣寺

天台方廣寺杖錫憶曾經虎吼山欲動龍潛水亦腥仙雲千嶂白鬼氣一燈青靈境難重到幽懷未易冥

題城南金剛院

城南古蘭若客至澹忘歸地僻囂塵遠堂深梵磬微嶽痕青入夢雲氣白侵衣欲乞坐具地安禪靜掩扉

程子大讀余四明山水詩有贈次韻奉答

十載游踪徧浙東海濤翻雪吼洪鐘蒲帆泛月尋幽島竹杖挑雲入亂峯最憶普陀浮海刹難忘舍利放光松

報君一語君應怖會向空潭咒毒龍

四明深處舊禪房海色猶來夢裡蒼太白峯爲山所祖
大龍湫是瀑之王烟霞有約愁難踐松菊無人想就荒
今日因君話甌越萬重雲水自茫茫

送陳伯屏方伯入覲

忽辭蘿薜理行裝千里乘風謁
帝鄉卻指雲山留後約便隨鴻鵠起高翔湘城夜雨星
辰濕驛路秋花劍佩香臨別殷勤煨芋贈十年箇味要
親嘗

省曇和尚自醴陵來索題雲巖寺詩

見說雲巖寺天然境最清幽泉穿樹出（有泉自樹中出者為枯木井）峭壁礙雲行萬籟隨鐘寂雙池受月明寥寥坐禪地應可證無生

靈巖飛翠連衡嶽大剎知名冠醴陵萬古天青墮為石中宵鬼緣聚成鐙老猿伏澗啼秋雨饑鼠緣松齧瘦藤何日雲間結茅屋白頭相伴兩三僧

哭黃大令蓉瑞三首

逢人輒自嘔心肝古道懸知入世難祇合山林充大隱强求菽水就微官十年五斗緣猶薄一死孤雲影更單夢裏相逢還似昔贈衣應念老僧寒（昨夢大令過訪贈衣話舊情致殊殷）

詞客江南信可哀魂兮何日始歸來名山竟負當年約亂世虛生絕代才地下修文應有俸人間避債已無臺好將平日憂時淚灑作黃泉酒一杯

支許論交十七年回思往事益淒然種蓮同結碧湖社煮茗曾分白鶴泉自許漆園為傲吏獨推賈島是詩仙觀空尚漬袈裟淚不是尋常哭逝川

聞陳考功窮居江南尚能周恤死友黃蓉瑞大令感其風義作此寄之

謫宦棲遲淮水邊故人貧病尚相憐興來共蠟遊山屐窘極猶分買藥錢天上玉樓傳詔夜人間金幣議和年

哀時哭友無窮淚夜雨江南應未眠

送王翊鈞參軍之官浙江

浙中地勝擬蓬萊薄宦於茲亦快哉台嶽天青雲海現胥江濤白雪山來扁舟夜泛湖心月孤嶼春尋水面梅他日衙齋公牘少清遊應喜道人陪

送俞壽臣觀察之江南時舍弟子成方謀食江淮並及之

木落秋心苦何堪送故人煙霞老難別骨肉罕相親請以愛我厚轉爲憐弟貧江南千里道悵望一沾巾

十月初三夜夢中得詩一首

大千刼火一時然鐵骨於中鍊已堅振錫深山解虎鬬求珠滄海驚龍眠萬家香飯歸禪鉢八部花雲散法筵兜率蓬萊俱不着蓮華佛國息吾肩

十月初五谷山掃剃度本師墓

微霜下林杪木葉皆飛黃送師瘞斯土俄已三重陽茲來一展眺風物殊蒼涼秋山靄餘翠殘菊猶芬芳憶我薙染時傳衣披我長師年未五十鬢髮俱靑蒼師命我行脚遠帆南海航一身託雲水十載還沅湘師年六十六面皺身則强日行三由旬迅若空鳥翔如何十四年老病成頹唐我從溈山歸侍疾未離牀我每泣語師請

愼溫與涼師笑謂我言是身眞革囊盛穢無一淨捨之
復何傷若人負重債於理豈不償五陰既非有四大隨
分張師竟棄我去游神泥洹鄉慧燈寢恒照苦海失津
梁四流欲誰濟昏夜何茫茫緬懷平生儀灑涕對迴崗
山川有搖落斯痛永無央

由谷王山越嶺行至寶林菴時常長老爲其徒敏
眞徒孫性華修墓工竣敏在日與余言道甚洽
歿已二十八年性則爲余法嗣因作詩一首志
感兼呈常公

峭嶺躍徑微抗袂越雲行叢薄帶暝色寶林開化城常

師此駐錫頭白罕所營葺推法門舊與余爲弟兄吁嗟三十載迅若流電驚念公賢弟子實爲柰苑英慧悟信絕倫惜不永其齡性也纖敏秀從我問無生無生詎有滅高塚何崢嶸寂子豈眞寂林鳥演梵聲皎皎雲間月猶似道眼明神理固仍在老淚徒縱橫勿爲逝者哀存歿皆凡情

送和龔上人主錫嶽麓萬壽寺

蘭若闢西晉法崇實初祖衡山何嚴嚴分秀鍾靈孕孤城隔湘波經臺隱烟樹風篁響梵音鶴泉流法乳我昔維摩室瓣香笠雲圃（笠雲圃公爲余嶽麓得法本師）鈍根負虛望於道

會無補上人有雄力龍象繩其武旣應大衆請詎畏羣魔侮願彼筏戾軍同沾甘露雨伊余忝法親來聽上堂鼓卻笑潙山牛和蓊為余潙山法嗣今作虎岑虎麓山寺有虎岑堂唐景岑禪師遺事見傳燈錄

郭詞白大令招集碧湖為展重陽會即席有作

霜寒天宇淨碧雲生微陰烏沒烟際帆鐘淸湖上林夫君敦古歡良辰展幽尋篤言踐靈約緬焉穆余襟伊蒲悅禪味迦葉動苦吟靑條殞秋露黃菊豔餘金歲宴興未闌交新意逾深前塵悵已渺眞賞忻在今勝游妥可紀聊用謝知音

前詩未竟其意復紀一律

紫微山上碧湖宮轉瞬浮雲往事空高士蓮花還結社
老僧霜鬢已成翁十年再展重陽會一座惟餘二妙同謂曼叔潤民二公曾侍玉池老人展重陽於此太息玉池今宿草忍聽落木動
西風

碧湖懷古疊前韻

湘春門外馬王宮五代荒涼霸業空閱盡繁華成老衲
漫將時事問漁翁湖山亦逐滄桑變天地徒看日月同
塵世興亡何足論且攜長笛弄松風

孫姬瑞孝廉聞余談浙東山水有贈次韻答之

飄然十載浙東游皋壤生涯信謬悠鐵鉢夜敲青嶂月銅瓶曉漱碧潭秋定中水闢窺龍窟眼底雲生結蜃樓更擬明年渡瀛海扶桑咫尺引吾舟

袁叔輿戶部寄示金陵詩社門存唱酬韻見懷之作次韻奉酬　壬寅

卧雪清承舊德門新詩遙寄到荒村一時相見風流盛千里如聞笑語喧戀闕定迴金鎖夢探春初返玉梅魂終當杖錫來相訪割取安禪片石存

寄題易哭庵觀察廬山琴志樓疊前韻

大好琴樓近石門等閒拋却綠蘿村且尋笠屐林巒約

遠避風濤海國喧三峽泉聲蘇渴病五峰雲氣淨詩魂
匡廬山色清如許中有蓮花舊社存

懷義甯陳吏部三立再疊前韻

聞君打槳返章門拄杖時尋郭外村襟上長餘山氣潤
花間微覺鳥聲喧舊游可憶白雲侶近事應傷碧海魂
彈指滄桑紛萬變中原一片夕陽存

憶金陵舊游三疊前韻

托鉢曾沿白下門西風黃葉舊時村鍾山月出夜禪寂
淮水潮生午渡喧萬古烟雲悲過客六朝花雨冷香魂
定林寺裏經行處妙意微茫空自存東坡有妙意持行定林寺及妙意存

在終微茫之句

述懷答友人四疊前韻

何分白屋與朱門俯視閻浮等一村施食每憐山鬼嘯安禪曾制毒龍喧沽來蓮社高人酒醉倒梅花處士魂文字情深道緣淺多生結習恨仍存

寄陳公孫師會五疊前韻

公孫宿世我同門甬上猶留乞食村山色當窗常在定潮音振海了無喧曾參柏子禪宗話僧問趙州如何是祖師西來意州云庭前柏樹子錯認桃花倩女魂萬古青天堪作證浮雲散盡月孤存

贈陶菼南

陶公奇氣若無人垢面蓬頭率性眞一卷孤吟寫冰雪
空山茅屋自生春

如子信有貧賤癖鮮衣美食轉生嫌省城隍廟無常側
鬼語啾啾睡未甜

日本岡千仞寄次甲申夏同游天童玲瓏巖韻見
懷并所著觀光紀游感叠原韻二首

尺書報我自東瀛展讀如聞笑語清春水綠波人萬里
幽谿碧樹鳥孤鳴觀空猶憶前塵影問訊還勞遠寄聲
一別玲瓏巖下路滄桑百感竟叢生

每聞海客話東瀛風俗還如太古淸所學皆能爲世用
其人不僅以詩鳴閒雲亦抱爲霖意野鳥都含讚佛聲
中日本來唇齒國掣鯨休使海波生

姜市掃周孺人墓 并序

周孺人者余同里李春圃母余幼失怙恃爲人牧牛數過其門孺人知余爲孤兒常呼與語躬爲縫衣櫛髮慈惠備至余出家後孺人見之哭云汝奈何爲此也今春二月余應四明天童寺請還里拜辭先塋詢之則孺人歿已十年矣因謁其墓爲五絕四章以代哭云

昔人感一飯千金報其恩我懷李母德袈裟拜墓門
未拜涕先流兒時此牧牛憫我無母兒時常梳我頭
穉年失怙恃捨母無所依我飢飽我食我寒溫我衣
欲去復躊躕遺恨此山隅惟將雙淚痕流作報恩珠

長沙上林寺退院將之天童辭衆二首

粥飯緣輕祇一年無端又泛浙東船此心不動隨來去
一月千江普映圓
無窮離思水雲寬龍象依依欲別難白首忽辭湘上去
青山長向越中看

由長沙上林赴四明天童寺請同憶湘中故舊愴

然有作

老作離鄉客迢遙憶故關夢回湘上寺人在越中山舊雨忽爲別孤雲今又還龍潭照鬢髮不似昔時顏

甯郡高公子吹篪司馬奉其母李夫人來山修建水陸以詩見贈次韻三首奉答

法雨灑初地慈雲生遠陰如何天上曲來和草間吟靜室絕塵想清言愜素襟賞音今已遇不在伯牙琴

六一賢太守甘棠列郡陰因陪公子話還憶醉翁吟白雪聞君咏清風快我襟何須奏流水悅耳自成琴

誰愛天童寺喬松廿里陰客從雲外至僧在定中吟谿

竹淨搖翠巖花香滿襟時焚柏子坐弄我没弦琴

天童寺書感

十八年來復此游蕭然不覺雪盈頭名山事業吾何有塵世滄桑佛亦愁太白峰前雲似蓋玲瓏巖下月如鈎平生無限傷心淚稽首空王獨自流

夜過瓜洲鎮

江寒五月似新秋隱隱金焦水上浮夜半鐘聲呼客起朦朧烟月過瓜洲

自四明歸長沙經洞庭作

湖上微風水不波片帆無恙夜重過長沙此去翻成客

歸夢如山向越多

將歸四明別朱八菊尊

甬上初還又別君滄桑時事豈堪聞道人避地向吳越閒聽清猿嘯白雲

題李仲乾悼亡詞後二首

潘岳悼亡情太癡道人一見欲焚之誰將天女紺青髮繫汝茫茫萬古思

曠刼沈淪失此心情塵擾擾淚波深華鬘一墜仙緣盡海碧天青何處尋

羅順循大令將之燕臺余亦有四明之行作此志

別

十載重逢鬢已絲布帆明日又天涯風塵擾擾向誰語雲水茫茫爻可期海上鯢鯨方作窟山中鸞鶴欲無枝惟餘一片青天月越嶠燕臺照別離

赤壁懷東坡居士

坡仙人去已千秋赤壁還思前後游寂寂江山共誰語一帆明月過黃州

新堤

江豚吹浪與人齊江鳥呼風日色低隱隱帆檣泊雲際青蘆一片是新堤

題紅雨樓遺稿

紅雨樓頭蹈翠過落花芳草恨如何美人黃土埋香久司馬靑衫漬淚多入道宜醒蝴蝶夢傷心莫聽鷓鴣歌今看柳絮因風起想見當年謝女娥

海上與眞上人話舊

孤雲本無定於此忽相逢巖壑思前事鬚眉非舊容霜寒洞庭葉風送海門鐘明日一揮手秋山又萬重

感事

巖谷容吾輩天朝雨露偏祇緣充學費遂議割僧田古寺晝常閑禪房夜不眠何當乞甘露一爲洗腥羶

寶慶寺掃慧公塔

慧老久云寂追思亦可傷振衣登太白把晤記錢塘歲月去如電鬚眉漸有霜夕陽瞻塔影不覺淚成行

重晤樓杞伯

十餘年不見一見淚雙流舊雨幾人在孤雲獨自留西風吹短鬢落日下高樓昔別君方壯今來成白頭

重晤胡俊卿李子仙兩秀才

明州再到事堪哀白髮惟餘兩秀才一棹還湘驚歲晚寒梅二十度花開

壬寅秋瞿芷垣司馬偕馬芥堂明府柱顧天童與

芷翁話舊得兩絕句又作二首送馬公歸蜀并

柬陳粒唐觀察陳有東山草堂十二圖東山雲

岫其一也

故人不見十餘年留結空山一宿緣看月聽猿思舊事

松風涼露夜難眠

回憶湘樓夜雪時敲冰煮茗坐談詩那知人事今來變

頭白空山此住持

西蜀山川天下雄崎嶇道路說蠶叢請看太白青蓮海

可似峨嵋翠掃空

錦江秋色故人居欲寄迢遙一紙書莫忘東山好林壑

閒雲出岫近何如

寶幢重過何珊洲秀才宅

寶幢河邊處士居靑山頭白尙攤書故人寥落鬚眉在一笑浮雲萬變餘

上虞經君甫居士來山以詩見贈次韻奉酬

上虞老居士邂逅喜相逢得句題紅葉開軒對碧峰知公愛淨理與我論機鋒一笑林塘暝高樓動晚鐘禪心老何似死水不生波雨過靑山淨秋來白髮多飛雲思出岫倦鳥懶移柯遣辱高人顧因之發浩歌

次經君甫居士留別原韻卽送其歸鏡湖

無人共聽蓮花漏有客來參柏子禪自許烟霞爲道友
不妨松鶴與忘年清宵醉月焚香坐白晝看雲枕石眠
何事便隨流水去靑山紅樹放歸船
空山煮石斷炊時長者黃金肯佈施懶作昌黎排佛論
苦吟潘岳悼亡詞連朝聽梵心如水一夕悲秋鬢已絲
歸到鏡湖烟景好白雲黃葉入新詩

題盧吟秋茂才夢紅蓮詩卷

盧生才藝是神仙慧業多生豈偶然一卷夢紅詩卷子
風情不減杜樊川
聽唱蓮花格調新能令枯樹一生春虞山不作梅村死

肯與漁洋作後塵

老去禪心百不思偶然乘興爲題詩却憐一管生花筆祇作癡人說夢詞

秋日病中漫興次洪純伯明經見贈原韻二首

恒沙刼骨盡燒然猶有文人未了緣靈運多才後成佛孟公無慧早生天病容已似秋山瘦詩卷空勞島國傳時日本僧方購余拙集還國欲咒蓮花生鉢底毒龍吐霧漫相纏

高士文章海內雄淸狂應與老僧同蕭梁以後無才子趙宋之間有放翁陸詩情韻俱絕又極自然非詩人所能易及不許盧仝爲茗友余少年茶量最宏一飲數十甌盧仝七碗何足道却呼賈島是詩僮浪吟

直欲淩窮髮鵬背星寒任颶風

招鄞邑侯黃鞠友司馬游天童

太白峰高接四明玲瓏巖古最馳名花開花落知春夏雲滅雲生驗雨晴八月木樨香可好六時仙梵夜彌清探尋宜趁簿書暇特遣長庚下界迎

爲翟少府題畫二首

秋山紅葉豔於花小艇横江日欲斜着箇茆亭深樹裏幽谿鹿過便爲家

隱隱花宮在上頭下方水木湛清幽雲巖深處宜禪寂瀑布無人泠噴秋

寄懷俞恪士觀察江南并柬陳伯嚴吏部十二首

并序　癸卯

元宵後一日懷弟子成自金陵來盛稱觀察俞公雅意因爲七絕十二首奉懷并柬陳吏部蓋歲已丑吾湘鄧彌芝先生應許仙屏方伯聘主講金陵會文正書院約余由衡州同舟東下時觀察與吏部及曾重伯吳雁舟兩太史俱自京師還湘會於白門日事游眺一時盛會也今許鄧均歸道山曾吳皆遠宦蠻荒公以道員需次兩江吏部亦作寓公於此云

昔時湘上聽離歌轉瞬狂瀾嘆奈何淮海千帆爭利涉
想君因更慎風波公昔由湘之官白下行至靖港遇暴風舟幾覆有書報余
塵世紛紛變態新蒼山面目亦藏眞芒鞋獨上千峰頂
倚杖看雲憶故人
一白揚帆下洞庭猿吟鶴唳不堪聽江南江北山無數
長入枯禪夢裏青
去年飛錫向長庚長庚又名太白卽天童也繞道還思入石城風利
舟行不能泊青山遙望但含情
萬松青繞夜禪殘對月題詩淚暗彈多謝鳳凰臺畔客
春風猶念鶺鴒寒子成落魄江淮蒙公爲之提獎

一池新漲綠於藍千里離懷老不堪料得官梅動詩興
十分春色在江南

若棹扁舟向浙東青天一髮是天童謝公行處今猶在
好看名山入剡中

斷巖千尺一枝藤終日凝然萬慮澄爲我寄聲陳吏部
匡山留待白頭僧吏部與余有歸老匡山之約

白門佳會幾何時回首人間鬢已絲記否秦淮雙槳過
花枝爭拜老禪師昔公與吏部約余游北極閣歸舟過秦淮河吏部獨上岸使女士數人於樓上合掌呼八指禪師者再

香湖居士舊詩人元度交情老更親太息兩公俱物化

回思往事一沾巾
雞鳴寺裏憶偕行鐘梵蕭蕭洗耳清夜半霜風驚折竹
依稀微月定中明
元武湖邊共倚樓藕花如雪隱行舟何時復逐輕鷗去
雲水光中續舊游

黃鞠友司馬以小林棲詩四首見示次韻奉贈再速天童之游

林棲誰爲小仙鶴此中巢白雪難爲和緇衣敢論交詩
情清似水道味合如膠惟負名山約峰巒欲獻嘲
一縣春風暖青山入夢無流鶯欣得樹過雁穩啣蘆種

柳心雖切栽花計豈迂欲圖三嘯樂應顧虎谿廬

暫拋黃綬事且慰綠蘿心小艇生波細長松夾道深但看千嶂合不受一塵侵待掃雲邊石谿聲共苦吟

我亦幽棲者依巖屋數椽松窗延月朗竹筧引泉便得句還呈佛忘機欲廢禪偶聞樵客語因識使君賢

趙仲青二尹曾爲衡陽令鄭湛侯明府書記別十年矣今遊宦四明知余主席天童爲詩見寄次韻奉酬兼懷湛老

天涯書劍遠翩翩感舊知憐老鄭虔三絕白頭猶薄宦一官黃口亦爭賢故人應有停雲作懶衲還存煨芋緣

今日吳霜俱點鬢論交怕說十年前

前詩未竟其意復成絕句十五首追懷往事并訂天童之游

辭衡郡十經秋風雨長懷趙倚樓野鶴閒雲兩無定分飛何意到明州

昔時朋輩半彫零落木寒泉不忍聽幾度衡陽孤雁過惟餘嶽色向人青

鄭公櫻散鬢蕭疏寂寞長沙憶舊居解印歸來復何有殘年乞米向僧厨

共稱陳實有佳兒謂滙老三公子叔獻孝廉痛惜曇花一現時留得

衰翁貧病在眼枯無淚向人悲

白髮休文老幕賓（謂湘潭沈子粹）當時才調更誰倫前年亦報湘潭死曾對梅花哭故人

人生如寄復何常回首前塵枉斷腸吳越山川堪送老與君不用憶衡湘

天童名勝冠東南佛地羣推古刹竿萬疊烟巒青在眼試扶柱杖恣幽探

玲瓏巖在寺之西陡削登天不用梯翠壁蒼苔待君掃新詩好和放翁題（陸放翁有題玲瓏巖詩）

上古巢棲無一楹義公梵行感金精侍供薪水來童子

從此靑山有姓名晉時義興禪師於此誅茅感太白星化爲童子供給薪水故以名山

太白峰高蘿徑微登臨翾詡鳥低飛蓬山咫尺通呼吸

欲挾星辰下界歸

巖谷重重覆碧蘿此中幽趣引人多涓涓不斷龍潭水

竹筧穿雲入飯鍋

十里長松靑到門雙池如鏡淨無痕晉時蘭若千年樹

猶有庭前古柏存義興禪師手植之獅子柏尙存

天下禪宗宿所稱傳衣自昔有神僧惟持一點光明種

散作人間無盡燈密雲悟禪師中興天童其枝葉偏佈海內故稱天童爲天下禪宗

雲門餠子趙州茶個味能嘗是作家。雪後園林尋虎跡。

寒窗分韻鬬尖叉

隔水幽花入戶香時來雲氣濕衣裳呼童淨洗谿邊石待與高人話夕陽

八指頭陀詩續集卷之三終

八指頭陀詩續集卷四

釋敬安寄禪

贈陸漁笙太史郎次其生日感事原韻

瓊島吟歸莫問年青松手種蓋初圓講筵人坐春風暖試院茶思舊日煎北海無尊不醉客東山有夢亦朝天月湖烟景今寥落白社重開望大賢 先

奉訪陸太史次前韻二首

相逢休話永嘉年痛哭金甌缺不圓佛眼亦因塵刼閉禪心如在滾油煎七分擬劃花宮地時議僧道十分田產者抽七分充學堂經費一綫憂存杞國天太息江河今日下中流砥柱賴

公賢
不幸同生衰晚年腥羶分佈地球圓蝸頭有利都爭括龜背無毛尚苦煎縱是魯連難蹈海若非靈運定生天知公便死猶睜目王室中興望後賢

前詩意猶未竟三疊前韻

一卧滄洲今幾年澄波浩月悵孤圓罡風欲撼三山動刼火能將大海煎白髮詞臣老憂國緇衣釋子忝談天四明耆舊彫零盡魯殿巍然存一賢

過陸太史宅奉題四疊前韻

小隱城西那記年此心如水任方圓谿邊茅屋牽蘿補

松下寒泉帶月煎一杖白雲行樂地四山黃葉著書天
老來萬事都無累陳實人稱有子賢

山居二首五六叠韻

一室蕭然懶計年漸看鶴髮蓋頭圓時煨野芋留雲餉
自汲寒潭掃葉煎萬壑松濤明月夜五湖烟水白鷗天
老投巖谷藏吾拙火種刀耕效昔賢

林間小住已年年掃石爲床枕木圓閒剪谿雲將衲補
淡收山翠當茶煎半鉤白墮巖前月一綫青來樹裏天
無事巖中時晏坐渾忘十聖與三賢出佛經三藏法數

山居兼懷陸太史黃司馬七八叠韻

寒盡深山又一年雙池皓月幾囘圓世情淡似秋雲薄
禪味淸於夜雪煎人在定中忘白日屋從破處補靑天
由來佛法無多子翻覺毘耶杜口賢
寂寞幽居老忘年忽驚珠露滴松圓碧蘿風動蒲龕冷
白朮香聞瓦罐煎不許微塵生淨土欲移定石坐禪天
山中聽罷蓮花漏苦憶陶潛解印賢

月下對梅

高冷不宜人蕭然自絕鄰四山殘月夜孤驛小橋春暫
對翻疑雪淸香不是塵逋仙猶認影誰復識其眞

雪後尋梅

積雪浩初晴探尋策杖行寒依古岸發靜覺暗香生瘦影扶烟立清光背月明無人契孤潔一笑自含情

謹次黃鞠友司馬甬江留别原韻四首卽送其行

離歌乍聽嘆飛蓬萬戶愁侵甬水東不獨枝頭驚宿鳥可堪草底泣寒蟲白雲有意攔行路碧海無波見治功太白峰高如峴首他時墮淚憶羊公

攀轅無計駐征驂别思偏教老衲諳芋火生涯容我懶木樨公案復誰參山谷叅晦堂禪師有木樨公案徐公美已推城北謂前任徐公容齋陸老心常在水南陸放翁詩坐衙常對水南山此後枯禪倍寥落青山白髮老何堪

甘棠聊借一枝棲人我渾忘物論齊萬樹春風無病葉
四山殘月有啼雞飛花片片輕隨棹芳草萋萋遠映隄
莫向離亭愁折柳此身同在浙東西
行舟已向綠陰藏忽見南湖舊社荒肯負烟霞忘宿約
便携琴鶴理輕裝烏紗白衲難爲別黄綬青松兩不妨
千里神交知不隔詩成應許寄支郎

天童坐雨呈鞠友司馬次同人原韻

古殿燈昏磬韻微谿雲擁樹失朝暉萬松鎖斷人間路
莫怪山僧與世違
薜蘿偶作簪纓會山水長留文字緣世外烟霞堪嘯傲

城中車馬莫言旋
楊柳風輕乳燕飛桃花流向釣魚磯雨餘山色轉明淨
萬竹分青上衲衣
山中十日且吟春嘗取山厨筍蕨新休笑枯禪太枯寂
無情花鳥亦相親
乘興宜登絕頂游中原一髮望中收可知太白高無敵
祇有青天在上頭

春山漫興仍次前韻

春山寂寞語人稀倚樹含情對夕暉流水落花何礙去
白雲芳草莫相違

道人活計自天然何用營求涉世緣碧水灣灣如帶曲
青山箇箇似螺旋

黃鶯曉坐濕難飛昨夜谿痕上釣磯試出萬松關外望
春田都似水田衣

連朝風雨阻行人看取庭泥虎迹新破衲添棉猶向火
萬山寒翠老難親

晚年愛靜息交游造碧空青淡不收懶更登樓窮遠目
此身已在萬峰頭

次韻酬盧吟秋茂才二首

老去猶求一字師敢云得失寸心知不貪成佛生天果

但願人間有好詩

盧郎才氣壯青年秀句如花帶露妍惱得山僧閒不得欲逃詩債泛湖船

黃翊友司馬二月十七日偕友人入山盤桓兩日酬唱甚歡因賦五言十六韻以志勝遊即用贈別

我公興不淺侵曉出東門以踐名山約而忘案牘縈維舟楊柳岸沽酒杏花村野徑隨樵入荒谿逐鹿奔青松迎夾路翠竹引行軒古寺鳴鐘寂禪房笑語溫盤飧甘筍蕨世味厭雞豚蟒塔搜神蹟龍潭問水源六時雲繞

楝連日雨翻盆雖使清游阻無妨佳會敦絲蘿情共話
紅豆夢留痕天童有紅豆巖公自號紅豆夢中人擊缽聯吟榻攀轅慘別
魂烟霞人自棄邱壑道誰論去矣冲霄鶴其如嘯月猿
艮辰難再至眞契久應存此後勞相憶逢僧好寄言

雨中遣悶疊鞠公韻四首

道人心愛靜避世入雲峯着笠晴收芋袈裟晚晒松寺
藏千畝竹夢破一聲鐘行脚吾已倦閒抛五尺筇

塵飛不到處插漢有奇峯室白雲生棟衣寒翠染松苦
吟方得句喜極欲鳴鐘擱筆一長嘯蕭然倚短筇

四明眞佛地太白最高峰虎踞千巖石龍蟠萬壑松谿

雲寒夜榻山雨濕晨鐘欲出愁泥滑苔痕上竹筇

遠與塵境隔門前鎖萬峯禪心潭底月僧臘殿前松殘雪融春嶼寒谿咽暮鐘客來方問法一笑便橫筇

登玲瓏巖次同人韻

千古玲瓏勝淸游各一時且尋林下趣休話劍南詩養性非關酒忘情不採芝但須腰脚健莫負紫藤枝

上巳日獨登玲瓏巖脊懷前游得五古一首即寄

鞠翁

棲鳥嚶嚶鳴伐木丁丁響念茲懷故人良辰悵孤往冉鳳已辭岡白雲猶在杖悽悽感去留忽忽成今曩靈岩

再攀蹋神會俄俯仰谿桃失舊姿林旭延新晃幽苔繡
禪石空翠潤琴幌山水轉澄鮮惜無同心賞遙賡紅豆
吟觸我青霞想

重過石頭城登掃葉樓

海風送帆檣重過石頭城地失盤龍勢樓餘掃葉聲三
山天外落二水檻前明惆悵古今事浮雲空復情

題夏伏雛燕北紀難圖二首

輦下忽交兵煙塵暗帝京黃巾惟殺戮白骨苦縱橫妄
逸慚諸將艱危累聖明河山餘破碎回首不勝情

倉卒誰言戰都門踞虎狼衣冠迷草野宮殿冷斜陽石

馬邀無汗銅人泣有霜披圖意悽惻不覺淚沾裳

與俞恪士觀察重登掃葉樓

高樓矗立水雲間與爾重登鬢已斑千載洲仍餘白鷺六朝事往剩青山寒煙古寺鐘初度落日中原鳥倦還塵海滄桑那忍說且憑尊酒一開顏

山行露宿

松根當枕草爲氊月白風清放膽眠山鬼不尋窮衲子恐儂索取草鞋錢

題李藝淵觀察慕萊堂圖并序

按老萊子楚之蒙山人今臨江府有老萊亭即

其遺蹟也藝淵觀察守此郡時以不能迎養築

慕萊堂於署東以志慨云

臨江誰築慕萊堂仙李盤根奕葉昌衡嶽鍾靈倍英俊蒙山遺德更輝光白雲迴望情何極綵服承歡老不忘豈獨蘭陔歌孝思郡人猶自頌甘棠

嗟余七歲作孤兒我弟呱呱斷乳時度母生蓮常自誓乞鄰借米每啼飢傷心故里辭親愛祝髮空門賴佛慈畢竟深恩難報答披圖不覺淚如絲

過顧石公居

城居車馬郤閒閒草色當門綠不刪暑氣自銷池上竹

清談如對剡中山荷花香送窗三面楊柳陰藏屋半間
高士幽棲眞絕俗月明惟見鶴孤還

俞恪士觀察招集後湖次顧石公韻

四面水光涵波涼鷗夢酣微吟過竹院一笑倚蒲龕池
蓮紅間白徑草綠於藍忝與羣賢集閒塵淨妙談

白下別陳伯嚴考功

與君俱老矣回首一沾衣白下重爲別靑山獨自歸晩
年情更苦舊社事多違此後休相憶孤雲無定依

題文小坡內閣石芝詩夢圖

達人澄內觀足不出戶庭室虛雲共白夢裏山猶靑抱

冲體自舉翼彼元鶴輕翾石芝秀實惟德斯馨聖境與神會詎曰無因生湛然心境明萬象無潛形一悟排言詮夢覺兩冥冥

六月十八夜訪俞恪士觀察新居坐池上納涼即事

柳梢微雨過池上早涼生坐覺綠陰好如臨碧澗清徘徊片雲影斷續一蟬聲此後海山隔難忘今夕情

金陵別李二翰林瑞清

天風吹海立送我石城游偶與故人會還迴越水舟白門寒暮雨明月照高樓悵望烟波濶孤雲隨野鷗

贈劉彝庭觀察時寓居毘盧寺

彝庭老觀察，白首卧祇園。避俗聊自適，逢僧笑且言。筍蔬供小酌，風雨掩重門。宦味如秋冷，城居寂不喧。

余將歸四明夏伏雛以詩贈別次韻答之

歸卧越中寺，萬松青到門。更無塵事擾，但覺瀑聲喧。此地雖為別，他時更愴魂。惟留滄海月，長為照清尊。

將歸天童別劉應洲

久悵水雲隔，相逢轉自憐。十年俱老矣，兩鬢各蒼然。西風白門柳，落日越江船。歸路滄江晚，澄波月正圓。

登太白峰絕頂眺海

何處登高豁遠眸振衣直上亂峯頭青天欲墜雲扶住
碧海將枯淚接流萬里烽烟連鳳闕一時雷雨起龍湫
河山北望情何極鯨浪誰能靖五洲

次車眉子廣文見贈原韻四首

平生洗眼水雲寬五嶽羅胸掌一團行脚天涯吾已倦
將心不復與人安

衡嚴煨芋一枯禪破衲離披懶問年偶與高人成邂逅
無言相對亦前緣

時事滄桑百變新忘機鷗鳥亦傷神腥羶滿地難容足
願作維摩畫裏人公工繪事

新亭收泣復何人莫漫煙霞寄此身世上悠悠甯足道
好將書劍淨風塵

漫興四首仍次前韻

大千一粟未爲寬打破娘生赤肉團萬法本閒人自鬧
更從何處覓心安

莫笑天童八指禪蘿衣草履自年年多生結習銷磨淨
山水惟餘文字緣

千年詩思碧雲新不羨湯休句有神願向空王乞眞印
誰甘慧業作文人

此法能傳有幾人百千萬刼坐禪身虛空粉碎無餘事

佛祖猶爲鏡上塵

寶慶寺益舟上人新搆佛殿僧寮賦此志頌兼懷

其師祖慧修長老

華嚴樓閣又重開八部同瞻一善財銀杏當門寒有子
金沙佈地淨無埃林間猿鶴窺禪定海上魚龍聽梵來
白足高風思慧老看從法苑剪蒿萊

八月十五夜海上望月有懷明果師弟

萬里青天無片雲此時望月最思君一輪本自同圓照
碧海清湘了不分

寄懷金山妙湛首座

大徹堂中首座師江干一別見無期居山舊侶今誰在出岫閒雲各自馳白髮喜聞猶健飯滄波遙隔但含悲何當復踏金鰲頂汲取中泠慰渴思

金山大定長老八旬傳戒寄詩二首奉讚余廿九年前曾侍此老巾拂白頭懷舊有逾常情

入定金山寺風濤寂不驚諸方惟一老末法亦多榮屢閱浮雲變仍看寶月明（佛經有寶月佛金山米時有寶月長老）曾親侍巾拂白髮悵余生

華蓋盈龍窟遙知法會開能傳千佛戒定上九蓮臺海濶杯難渡天空鳥倦回惟憑清夜夢還禮德雲來（金山妙高）

臺乃華嚴會上德雲比邱聖跡故蘇詩云前世德雲應是我依稀猶記妙高臺

天童結夏請玉泉祖印法師講楞嚴經畢法師將赴燕湖普濟寺請因作五絕句奉贈并訂明年開演法華之期

玉泉法派最汪洋中有蓮花萬古香此是台宗根本地孫枝一葉又芬芳天台智者大師出家玉泉法師乃其遠孫

三藏靈文信手拈請師爲衆講楞嚴萬松影靜爐煙細山鳥啣花時入簾

草木均沾法雨青玲瓏巖石亦通靈羊牛山上成羣卧老虎持齋要聽經講期內村人時見一虎出沒林表與牛羊相狎

天台教觀細會諳妙悟如師好放參悮底行滕留不住
一帆秋色過江南
莫輕半偈直黃金萬刼禪那究此心留座入天爭拂拭
明年還聽海潮音
金山慈本西堂來天童聽講適余之金陵及歸師
已去旬日矣因悵然作一絕句奉寄
君到山中我出山無緣茗話對清顏匆匆却返江南棹
誰啟松關放鶴還
去歲得徐劍石茂才由湘入秦抵襄河書遲遲未
復今秋忽於書帙中見其舊札觸我離思作詩

代簡并寄王翊君大令

去歲襄河報我書遲遲未覆一年餘水雲意冷思君切
文字情親與世疎大海魚龍秋寂寞故山猿鶴近何如
寄聲煩問王郎訊黃浦歸帆可憶余

自信篇并寄明果師弟

自信凡夫願力眞覺場終滿利生因掀翻大海浮漚影
珍重十方行道身劍樹刀山都不避波旬傀戾任爲鄰
與君世世爲兄弟（用蘇句）同助如來轉法輪

屠廉訪繼室王夫人挽詩六章

太白秋高木葉殘輝沉寶婺夜迷漫却憐遊子歸來晚

霜萎靈萱不忍看

使君持節粵東時內助多才福命奇萬樹紅霞荔支熟

吏人相見祇談詩

清芬令德儘堪傳助賑延宗世更賢善了平生夫子志

柏臺含笑向重泉

儒林風雅出閨門莫作尋常女士論脂粉分貲共石印

水經七校注猶存夫人父艧軒先生家藏七校水經注世稱善本夫人出資重刊

白首長齋大士前不生佛國定生天西風齊洒孤寒淚

肯拔金釵置義田夫人建義塾延師課孤寒子弟

驚聞王母返瑤池山色泉聲也動悲自愧枯禪才力薄

強歌薤露獻哀詞

舟中望金山感作二首

波心浮玉寺不到三十年偶乘賈船下近與城郭連八
事何嘗定山川亦變遷黿鼉出沒處今見牛羊眠
片石倚枯藤安禪憶昔曾虛空皆粉碎駭浪任掀騰偶
與烟波別俄驚歲月增青山如具眼應識白頭僧

次唐人張祜題金山寺韻二首

一片琉璃水空青淡不分遙看滄海月吞却碧霄雲漁
火隨星動潮音雜梵聞中泠如美釀未飲已先醺
步上金鼇背空濛海色分江流巴蜀水樓壓楚天雲過

櫓宵妨定驚濤了不聞孫魴金山詩有過櫓妨劫憐塵僧定驚濤濺佛身之句
世客無酒亦醺醺

陸漁笙太史七旬誕辰作此奉贈

人生七十古稀年況復蓬萊列上仙吟鬢尚餘瓊島雪
朝衣猶帶御爐煙秦關百二曾持節弱水三千早繫船
欲學懶殘煨芋贈肯將鐘鼎換林泉

還山別陸太史

殘年飛錫出深山欲看梅花也不閒纔與高人同一飯
仍歸疏雪細雲間

題章价人太守銅官感舊圖四首并序

咸豐四年粵寇犯長沙時曾文正公以在籍侍郎墨經治軍銅官渚兵敗公憤極投水時价人爲幕賓力援得不死及金陵大功告成當時部卒皆得置身通顯獨价人浮沉牧令亦數奇矣論者謂文正將別有以報价人故非淺識所能知也价人感舊爲圖徵詩一時如左文襄李次靑方伯諸公皆爲文以記其事云

銅官渚與汨羅鄰墨經從戎憶老臣若便將身葬魚腹豈能當代畫麒麟

湘水無情日夜東休將往事問漁翁書生何必臨前敵

此是中興第一功

患難相從不等閒曾文正嘗謂李次青方伯云儕人爲余患難友豈能忘耶白頭無語對青山翻思介子焚棉意不在區區竹帛間

岸芷汀蘭春復春江山如舊畫圖新先生亦是無情者不許靈均有替人

題嚴小舫觀察春江意釣圖　甲辰

艷說嚴陵有遠孫雲臺已邈客星存披圖如見羊裘叟猶覺桐江釣石溫

江上春潮沒釣磯谿花相對淡忘機不須更入桃源去恐引秦人欲憶歸

家住慈湖湖上山青松碧柳映蒼顏磯頭宴坐誰能會不犯清波意自閒

掌握絲綸任不輕一波纔動萬波生何如早濯滄浪足放下魚竿卧月明

寄呈江督魏午莊宮保八截句并題其洞庭歸釣圖

曾持一劍靜三邊白髮丹心老益堅東閣於今虛席待文襄衣鉢要公傳公生平去住如左文襄其治軍亦恍惚相似

坐鎮秦州百二關軍民相見各開顏祇今落日長城外楊柳青青不忍攀公督陝甘時所植楊柳今成林矣

老將王命入黔滇絕塞軍威尙凜然移節南洋資鎖鑰
不教鯨浪勢滔天

烟波漫釣洞庭春正值蛟龍戰鬥辰長願石尤阻歸棹
中流砥柱賴斯人

朱陵福地記曾登煨芋留殘媿老僧爲問江南庾開府
同遊應憶最高層

一自寒巖別使君白雲蒼狗變紛紛却憐滄海無窮事
祗隔青山便不聞

去年訪舊白門遊小住仍同甬水舟不敢蘿衣謁朱紱
閒情只合伴沙鷗

公勤王室我安禪廊廟山林各有緣望日開雲思舊事此心還在祝融巔壬辰秋曾陪公登祝融峯觀日出

次韻酬嚴詩盦

太白峯頭屋數間高眠應羡老僧閒眼前滄海杯中水頭上青天脚底山滅燭夜延松月朗閉門時拒野雲頑祇嫌吟鬢蕭蕭白詩債經年尚未還

陳子言由申江以詩見寄次韻奉酬

蛟龍戰苦陣雲深黃浦猶聞白雪吟大地烟塵無淨土空林猿鶴有哀音休誇返日金戈奮忍見橫波鐵艦沉願與高人長論道萬重寒翠肯相尋

與嚴秬香先生耆話有作

白髮哀時叟清湘罷釣人焚香常宴坐掃地却新塵一任浮芳豔長存古柏眞雲山行脚倦喜與笑言親

余自四月還湘吳夢舟贈詩次韻奉酬

百城烟水一身還三載睽違鬢已斑夢醒剡谿殘磬外詩寒台嶽片雲間憐君好句清無敵笑我浮生老未閒安得相携陵海嶠杖頭星斗手同攀

送王翊君之江南幷柬李梅痴太史

一雨湘城風景閒送君去看秣陵山臨川太史如相問隔歲梅花債要還（太史曾許爲余作梅花手卷）

將還天童別吳夢舟秀才

湘城傳夜管浩蕩起離愁欲載洞庭月歸隨滄海舟難為故人別況近楚江秋莫問水雲意含悽對野鷗

八指頭陀詩續集卷之四終

八指頭陀詩續集卷五

釋敬安寄禪

江南放棹

秋江好煙景如在畫中行寒鷺沙際浴夕陽霞外明潮連江總宅山近謝宣城何處吹漁笛彌懷滄浪清

寄義甯公子陳伯嚴二首

俗子紛紛擄要津憐君寂寞卧松筠流枯滄海哀時淚祇作神洲袖手人公子有憑欄一片風雲氣來作神洲袖手人之句

何處烟霞息見聞匡廬山色淨塵氛相期共結蓮花社傳語青猿守白雲

附義甯公子文韻二首

碧湖花雨照迷津十五年前挾老筠（謂丙戌秋郭筠仙侍郎於碧浪湖作展重陽會）石火光中吾未死乾坤毀後汝何人

縹緲潮音倚雁聞樓臺歌嘯隔蜃氣虬鬚白足自來去想得袈裟生海雲

贈陳鶴柴居士二首

淸適野鶴瘦於柴混俗塵中有好懷滿耳笙歌花霧裏此心不異在雲崖

人間何處愜幽尋雲海相期盡此心萬仞巖前分片石坐收寒翠入淸吟

贈吳彥復

一疏驚天劾大璫不妨風雅更清狂長揖歸來復何說
滿懷秋思立殘陽

次夏穗卿見贈原韻一首

海波湧雪透襟涼慧命如絲幾欲亡我法金湯猶有賴
袈裟和淚拜錢塘時將往杭州開僧學堂君極贊成

遇周彥升於申江感賦

長沙一別十六載碧浪湖邊憶舊遊黃浦江頭重相見
西風寒葉不勝秋

訪李茹眞於海國春酒樓

歲暮天涯訪舊遊扶笻却上最高樓白雲飛盡滄波晚風雨蕭蕭海國秋

八月二十日與夏穗卿狄楚青黃益齋吳彥復陳鶴柴小集滬瀆酒樓

黃浦江邊百尺樓海山當檻酒盈甌一時良會豈易得抵掌開襟話五洲

高樓廻首望中原滿目河山破碎痕塵世何方安樂國誅求今亦到空門

時事須與萬變更浮雲應妬月孤明維持像教賴公等莫許波旬擾化城

楊皙子孝廉達適日本作此奉寄

借問吾湘楊皙子一身去國歸何時故山猿鶴餘清怨
大海波濤動遠思獨抱沉憂向窮髮可堪時局似殘棋
秋風莫上田橫島落日中原涕淚垂

甲辰九月朔重過杭州松風定能海峯諸長老邀
余陪日本淨土宗伊藤賢道法師泛舟西湖感
而有作

西湖豈料吾重到彈指人間二十年白髮蒼顏身老矣
青山紅樹興蕭然喜陪南岳舊禪侶（謂海公）共結東瀛淨
土緣風景滿前吟不盡夕陽寒磬放歸船

贈夏大令

卓卓祁門令危言動腐儒既排原道論還薄晦庵書有願䕶靈鷲無心喫冷豬如公眞哲學門戶意全除

陳鹿笙方伯自蜀中罷官僑寓西湖甲辰秋晚遇於滬瀆把臂道故輒成此詩

崎嶇蜀道古來難七十八翁今復還曾整衣冠服羣盜公戡定蜀匪有不淹日月靖諸蠻良弓高鳥俱休論布衣冠鏖戰圖襪青鞋好是閒世事浮雲紛萬變獨留老眼看湖山

贈狄楚青

仙骨森森淩紫虛雲霞舒卷任何如獨持海上風潮論

不上人間卿相書

示鬘因

曾與維摩結淨因天衣猶認鬘陀新莫吟柳絮驚人句好向蓮花見佛身

秋晚還天童留別陳鶴柴

我愛詩人陳後山連朝日暮並車還黃花細雨澹詩意寒葉西風黯別顏儻許共吟千嶂月相隨直入萬松關天童去此無多路祇在孤雲落照間

秋晚劉海臣太守偕友人入山適余有事之杭及歸公已去讀其留題丈室詩悵然有感謹次其

原韻寄呈

勝侶良辰發興奇名山猶自想風儀何堪絕壑尋秋日恰值孤雲出岫時惆悵未陪林下語歸來惟讀壁間詩會須一問遺民訊好訂蓮花結社期

暮秋閱報紙見義甯公子由金陵返豫章九江舟中之作因憶曩與君陪郭筠仙侍郎於長沙碧浪湖作展重陽會彈指十五年矣故人存歿之感一時橫集次韻奉懷不知涕之何自也

此生豈分作詩囚垂老江湖一葉舟遙夜朗吟湓浦月孤襟涼帶石城秋題糕應憶碧湖社載酒曾陪白髮遊

十五年前思舊事不禁淚濕海雲頭

閩人周居士殿樞自采石磯太白樓致書問訊以詩代簡奉酬

采石磯邊太白樓勞君尺素遠相投山中老衲還高卧
江上名區可一遊經卷得閒須展讀風帆未滿却宜收
白雲蒼狗紛紛事肯與忘機狎海鷗

今秋八月廣東揭陽縣因奉 旨興辦學堂驅逐僧尼勒提廟產時有老僧禿禪者年已八十不堪地棍衙役之擾乃斷食七日作辭世偈八首沐浴焚香誦護國仁王經畢即合掌端座而

逝余哀之次其韻以紀一時法門之難

孤禪寂寞與時違黃葉蕭蕭落滿衣今日空門無地托
茫茫雲水欲何歸

人天掩袂淚流丹鐘鼓無情夜月寒世出世間皆有累
爲僧爲俗兩皆難

謗佛排僧口爍金不容地上有禪林慈悲忠恕原同理
猶感　純皇護教心想忠恕念慈悲思感應三教同心此純廟難羣臣汰僧之語也

山河破碎夕陽餘一片傷心畫不如祗恐空門無處著
白頭和淚上官書

人非豺虎日磨牙公牘紛紛入省衙試問揭陽賢大令

老僧何罪要拖枷

佛亦哀時敢自寬中流誰爲挽狂瀾可憐慧命垂危急

一息能延賴長官

禪心對境本無妨昨見流亡哭一塲若使窮黎俱得所

男誰爲盜女誰娼

爭人爭我枉焦唇割肉醫瘡任此身但願羣生登樂土

大千世界轉祥輪

爲饒石頑舍人女窈雲詩集題詞

舍人昔友我文許各自期笠屐相往來談笑情無疲其

女尙未字乃父授以詩過目卽成誦凝神恒若痴惟愛

親典墳轉羞塗粉脂得句倩弟寫把卷啟吾疑清才難屢得雛髮豈如斯深閨聞此言良久淚猶垂阿儂固不敏彼禿亦何為既嫁作人婦仍下讀書帷吟唱益精進鸞鳳歡追隨巾杖侍遨遊江山發藻思西湖蓮拂珮北固翠橫眉雲霞方散綺蘭蕙初吐萸秋霜胡不仁瓊英忽已萎黃絹遺芳咏青山埋玉姿謝娥甯足比班妹或心儀借問織錦手應留繡佛絲降靈必瀛島税駕合瑤池感化理不昧懷貞信彌奇伊余忝父執為爾一題詞

挽文芸閣學士三首

宣室猶聞訪逐臣可憐才大不謀身西江煙月空千頃

內翰文章第一人待漏苦吟　雙闕曉拂衣歸釣五湖春秋風一夜瓊枝折落日孤雲亦愴神

十五年前碧浪湖展重陽會記還無侍郎白髮曾攜酒野寺黃花共飯菰滬瀆停雲勞憶汝瀟湘落月渺愁吾淒涼舊社幾人在支許神交老益孤（丙戌秋郭筠仙侍郎於長沙碧浪湖作展重陽會一時英者俱集公與余均與斯會去年公在滬上作懷人詩尙齒及余）

空巖木落氣蕭森感舊哀時益苦吟滄海難塡精衛恨白雲廻望故人心中年沉醉非關酒上國和戎欲鑄金（時美人請易金鎊爲款）君到九泉應痛哭老禪猶自淚沾襟

再挽文學士五絕句

痛哭東林黨禍餘朝衣典盡尙收書平生亦病文園渴
不向長門獻子虛

一笑投簪返舊林蒼涼時事鬱孤襟可憐頭白匡山裡
誰諒孤臣去國心

會入空王不二門文人慧業自長存諸天花雨紛紛落
獨有維摩默不言

人間何處可安禪刼火焚燒海欲然兜率天中猶有漏
好歸佛國證金蓮

廻觀三界事無窮都付浮漚一笑空坐斷死生來去路
靑山原在白雲中

贈喻明州一首 並序

明郡四明山峯巒高峻巖洞幽嚴實應真羽客神棲之藪也山有石窗巍然特出重雲之表四面明敞越中全境一覽無遺四明明州均以是名惟地濱海澨風潮衝突林岫叢雜山賊海寇時出沒其間古稱難治邇歲奸民設賭局名花會引誘鄉愚男女宵征罷織荒農有司雖知其害衙役鄉保於中分肥緝捕不力由是盜賊紛起閭閻苦之庶三喻公以名翰林出守斯郡下車伊始廉得其情密飭營弁緝獲渠魁數人寘

之於法此風頓息民賴以安咸稱賢太守不置

余美其善政爲五言古詩一章贈之

達人抱玄朗塵垢甯我攖出應黃屋求猶挺青松貞神理足自貴圭組非公榮越州古仙都四明何崢嶸秋花潤丹岩遙霞標赤城剖竹守斯郡甬水揚其清海波寒自息刁斗夜不驚井邑有絃誦山塗無榛荆昔時豺虎窟今聞樵牧聲伊余蔭宇下聊得襲芳馨孤襟賴以吐微尚荷有成載歌甘棠詩慨然起深情

寄吳彥復

山中何事可相聞月夕閒情說與君擊鉢吟殘千嶂月

采芝纏滿一身雲寒松瘦石淸誰味意蕊心香細自熏
却憶維摩居士室㵼天花雨日紛紛

寄酬俞恪士觀察一首并序

甲辰六月俞恪士觀察由金陵來甬偕喻湘平
孝廉羅偕子大令仇繩之茂才枉顧天童時余
已先期還湘待余山中七日題詩悵悵而去余
歸不及一晤讀其交空四海公垂老愁入深山
雨易成料得歸來應有淚不因禪寂便無情之
句不盡二十年故人之感秋夜耿耿離愁黯黯
泫然成七律一章用酬其意卽以奉寄

故人遠自白門來潦倒中年亦可哀寂寂江山成獨往
茫茫身世付餘盃可堪一棹還湘去徒使孤帆渡海回
惟有青天好明月照人兩地各徘徊

再寄恪老二絕句

紫薇山上碧湖邊往事依稀在目前一十七年如電掣
西風吹鬢各蒼然
我自瀟湘打槳還故人歸卧秣陵山孤禪寂寞誰相問
落葉殘陽獨掩關

冬日偶作

忽見梅花發思鄉又一年衡雲離岫直海月抱天圓去

住初無意行藏似有緣滄桑看已慣是處可安禪

不寐

禪房鐘梵歇不寐聽猿吟幽興老難遣詩魔病益侵移牀就明月得句抵黃金早識浮名妄其如此夜心

懷湘吟

久矣萬緣寂惟餘故國情衡崖飛翠冷湘水照人清賦鵩憐賈誼懷沙弔屈平蒼梧遺舜廟松柏拱丹楹洞庭諸水滙天地混茫茫大澤通雲夢高樓倚岳陽湘娥餘淚竹楚客惜蘭芳萬古風騷地令人憶不忘

余近日養疴天童影未出山昨閱報紙禿黎狻詐

一節云余已航海詣東京皈依本願寺大谷派矣不禁啞然一笑因爲四絶句寄滬上夏穗卿

吳彥復狄楚青陳鶴柴

忽忽潮音振耳聞空中樓閣但霾氛何曾掛席東瀛去未出青山一片雲

老病龍鍾祇閉關西方佛國待余還金池一朶蓮花外兜率無心況海山白樂天晚年奉佛願生兜率天見慈氏時有人覆舟至一山榜曰蓬萊見樂天列名其上樂天聞之辭以偈云海山不是吾歸去歸即須歸兜率天余則翹心安養餘非所願矣

萬物平觀理自齊渾忘南北與東西我身不有餘何事一任人呼老禿黎

滬上高人不可招青天碧海路迢迢且將白社閒中詠寄入黃鑪醉裡謠彥復與穗卿酬唱有黃鑪前後謠故云

重過吉祥庵留宿歸舟感賦

古寺重來廿六年青松紅樹尚依然頭顱半白人垂老世事全非佛亦憐山近馬鞍山名雲在牖潮生蠏浦地名水平川匆匆一宿便歸去半夜鐘聲催客船

吉祥庵阻雨又一絕句

行裝已發又留連夜雨寒燈濕不然一宿因緣猶未了老僧重掃白雲眠

文公達寄示其尊人芸閣學士已亥懷余七絕一

章有愴於懷因次其原韻二首追述舊游

碧浪湖邊攜手日漫天花雨演真乘前塵影事依稀在
腸斷雲山舊衲僧

淨名金粟前後世會得三乘祇一乘踏破鐵鞋徒自苦
輸君有髮亦如僧（學士有句云獨有淨名無一語天風吹座落花深）

附文學士原作

雲山踏破萬千疊宗說遙通上下乘挂屩楓前感
今昔何緣得遇雁門僧

甲辰臘杪水賓笙茂才來山度歲以除夕書懷七
絕一首見示因次其韻四章贈之

遮莫年華似水流碧紗長護好詩留爐中煨芋從君啖
箇味能嘗焉用愁

門鎖青松映碧流雲邊片石久相留請君坐此聞仙梵
一洗人間萬古愁

萬壑寒松翠欲流此中隨意可勾留不宜拋却煙霞去
恐引梅花動別愁

巖洞幽深水曲流於茲避世且淹留春風二月桃千樹
省却漁郎別後愁

贈別洪啟唐茂才 乙巳

寂寞空山誰扣門與君相見笑言溫如何別我城中去

細草閒花欲斷魂

送許繼詢出山

依依七日山中住忽忽送君松外歸料得還家應憶我長空惟見白雲飛

吳北山由日本還申作此奉寄

見說乘槎萬里行勝遊知已徧東瀛掀天波浪供吟嘯出窟鯢鯨候送迎花近高樓傷往事（中東和議成於春帆樓有吳摯父題傷心處三字於此樓云）雲歸絕巘愴餘情遙憐黃浦江邊月應爲哀時黯不明

乙巳秋劉子芙明府由蜀渡浙枉顧天童爲五律

二首贈之

蒼翠落東海此山高揷空誰攜綠玉杖掛我碧玲瓏涼
步踏潭影薰衣坐桂風休尋出雲路鎖夢萬松中
錦江山水好勝覽却輸君試問峨嵋雪何如太白雲流
泉供淸賞煨芋許平分月下寒猿嘯應同巴峽聞

子芙明府小住山中十餘日行將出山再疊前韻
二首贈之

幽興頗不淺攀蘿俯碧空不辭山突兀惟愛石玲瓏聽
竹眠秋雨移琴弄晚風且抛黃綬事老我白雲中
巖谷罕人事幽懷細語君苦吟常對月冷抱欲生雲苔

碧寒更好空青淡不分溪山如此美莫遣別離聞

中秋對月

明明一輪月湧出碧雲端風露秋都澹星河夜未闌光浮蘭葉淨香動桂花寒坐覺諸天近無言還獨看

前詩未竟妙明之理復爲五言一首

寂寥此禪坐空階露華白心光耿相照但有指頭月太空無片雲皎皎圓理澈坐久若有悟澹然離言說

又七絕一首

長庚山上蕋珠城萬里微雲淨太清一樣平時碧天月照人無此十分明

日本滑川達澹如自上海寄詩見懷輙成七絶四章答之即約入山消夏

山中幽寂苦思君煙外飛淙日夕聞莫向人間苦炎熱洗心來入萬峯雲

白藕香清暑氣微綠陰晝靜客來稀萬松密鎖雲間寺六月寒〻生溪上衣

萬壑煙嵐絶點埃寺門臨水映花開松風夜半清難寐猶待幽人踏月來

家住扶桑近日邊主持清議筆如椽（君時爲同文滬報主筆）好攜黄浦江頭月來試白雲山上泉

再答澹如

大暑日流金聞君白雪吟如招松頂月同聽澗邊琴旣
愜入林趣彌清出世心含情動徵韻聊用答知音

聞陳師曾由日本返金陵再次前韻奉寄

見說東遊返白門江南黃葉已盈村遙知兵甲胸中滿
不放風濤筆底喧君雖力崇新學議論極平滄海愁生青鬢雪碧湖
冷浸白鷗魂往在長沙與君父子開碧湖詩社酬唱甚樂世情已逐浮雲變
神契惟應爾我存

陳師曾次韻見答再疊一首寄之

昨夢逢君白下門夢與易實甫觀察訪君父子於金陵高吟同坐夕陽村

直將蓬島煙霞氣一洗華堂燕雀喧文字語言無實義（楞嚴經云但有名言都無實義）東西南北有歸魂（實甫有東西南北四魂集）可憐八載江湖別吃吃惟餘舌尚存

武陵陳伯濤作宰江南會以其金陵門存唱酬韻集見寄湘中時余往浙事繁遲遲未答閱四年於天童禪課之餘追懷舊事補次其韻

一別仙源出洞門綠蘿閒殺武陵村鬚眉莫悵塵中老雞犬猶聞澗底喧蒼狗白雲紛世態桃花流水黯歸魂長沙舊事吾能記長恨歌殘曲本存（君往在長沙有次長恨歌原韻七古一首一時傳抄幾徧湖湘）

太白山感事

欲舒老眼豁重昏太白巍然海上尊塵世滄桑看已慣雲山寂寞道猶存平沉大地復何事粉碎虛空無一言（宗門悟道有粉碎虛空平沉大地之語）惟有哀時心尚在白頭垂淚望中原

魏玉銘明府遣其妾玉蓮索詩作此應之

偶因乞食渡恒河紅樹青山畫裡過誰遣朝雲參佛印却緣天女識維摩芙蓉出水禪心淨貝葉吟風梵語和四大本空無一物散花休問意云何

輓屠雲孫明府

東林蓮社久追陪忍酹淵明酒一杯五斗折腰非戀祿三年泣血未忘哀君時丁太夫人憂未滿微霜豈意摧高柳快雪何心見早梅太息故人今隔世青山冷抱白雲來

寒夜口占

萬重寒碧一燈昏坐久疏林見月痕夜半虎嗥人在定不知松雪壓巖門

冬夜漫興二首

道人寒夜興悠然自折松枝煮竹泉却向茅亭看鶴睡旋移藤榻枕雲眠

人間無夢到山家睡醒爐烟一縷斜夜半溪聲疑是雨

起看明月在梅花

月夜不寐

北斗橫天夜欲闌梅花睡鶴冷相看萬松不語風鈴歇清磬一聲山月寒

答顧居士

高寒誰過老僧家掃雪呼童自煑茶寂寂茅齋萬山裏坐看凍雀啄梅花

夜坐燈談忽緣有影橫窗諦視不見

寺門蕭索鎖寒煙夜靜誰參白骨禪燈碧微窺山鬼影想渠來就草堂眠

八指頭陀詩續集卷之五終

八指頭陀詩續集卷六

釋敬安寄禪

寄太史李梅痴觀察江南 丙午

記從黃歇浦爲別至於今每讀梅花賦公曾以所著白梅賦題余白梅詩卷如逢李翰林江南春草暮海上碧雲陰吳越千山隔迢遞寄苦吟

朱鞠尊俞恪士二觀察皆余淞社中人今朱官江甯鹽道俞爲江南陸師學堂監督舍弟子成流落江淮不得不望二公一爲援手因各寄五言古詩一章述其艱苦俾得升斗之惠以療其飢

云

湛湛昭潭水峩峩麓山雲與公相識來廿載如一晨今有迫切懷請為公一陳敬也誠薄劣我生實不辰幼小失怙恃托足於空門有弟長乖違乞食恒依人平生不得意吾老轉艱辛馳驅計一歲溫飽能幾旬況有失乳兒嗷嗷待哺頻儻皆凍餓死宗祀永斬焉念此痛中腸觀空亦難冥追憶曏昔遊惟公據要津願施升斗水活彼涸轍鱗但使沾微利亦足感深仁引領望江南奉書涕漣漣悽惻骨月情諒蒙公見憐　右寄朱鹽道

我公性仁慈宿懷濟物情今我有苦衷訴公公其聽我

之同胞弟姓黃名子成幼孤早廢讀貧無薄田耕飢驅走四方久客困金陵衣食恒不給東餓迫頹齡其妻病已歿暴骸於榛荊遺下兩男女嗷嗷猶待乳念此骨月殘不覺淚如雨悽悽復悽悽舍弟望提攜瓊林千萬樹聊借一枝棲全家得溫飽不使生別離感激亦何報啣結以相貽 右寄俞觀察

懷江南友人四絕句

雲海離襟老不堪夢痕和月墮江南晨鐘欲動春山曙苦憶詩人饒十三

詩人清興在春時把酒看花處處宜正是秦淮煙景好

落梅如雪雨如絲　右懷饒十三舍人

迢迢雙鯉一封書細雨如絲二月初爲問江南陳吏部

春懷着酒近何如

泠泠仙骨冷於霜嬾踏紅雲謁玉皇今日人天爭啟請

老僧應可下胡床　右懷陳伯嚴吏部

余別吳雁舟太守十三年矣丙午春公由日本還

國遇於滬上感時話舊悲欣交集因爲七律一

章贈之

長沙一別十三春白首相逢倍苦辛時事能令志士懼

高談轉使俗儒嗔我雖學佛未忘世公乃悲天更憫人

各抱沉憂向滄海茫茫雲水浩無垠

與友人游張園感而有作

滿地蒼紅盡綺塵繁華隊裏獨沾巾傷心蒿目此何世嘗膽卧薪窗有人商女琵琶還度曲王孫芳草尙迷春却憐黃浦江頭月猶照滄桑刼後身

奉酬陳哲甫觀察

曾向扶桑浴日回皇華六載久追陪（公曾爲日本參贊）倭人爭寶孟公札海客猶稱漢使才萬國煙塵處涕淚九州人物漫疑猜（公以辦黔南鑛務橫被口語）浮雲世事何須論白社蓮花待汝開

丙午仲春陳哲甫觀察招高邕之吳雁舟狄楚青
狄南士陳子言及余於一粟庵午齋觀察出黔
南採廾圖索題因作七古一章應之

車塵馬迹不到處乃有城中一粟庵長者於茲具香飯
老禪亦忝陪清談花鳥無心人自笑筍蒲有味余猶貪
畫圖絕妙意誰識雲煙恍惚身曾採黔山咫尺落吾手
覓句不得心懷慚還公此卷三歎息焚香合掌重和南
斯游或勝虎溪樂吟嘯何止人兩三霞外襟期倘不棄
文殊摩詰當同龕（十三年）

前作意猶未竟再題五律一首

伊余味禪寂恨未入林深不識金銀氣惟餘山水心披雲悵孤往把卷一長吟便欲從君去縋幽曠我襟

余既晤雁舟太守同游數日公仍之黔余亦還甬為詩二章以贈其別

刼火灰餘草不薰天涯猶得一逢君共聽黃浦江頭雨憶踏朱陵洞口雲（曩同游南嶽有嶽游唱和集）日月幾何人已老江山萬里首重分碧波春水情無限攜手殷勤話夕曛

平生第一賞心人論道論詩兩絕倫最苦白頭還惜別可堪滄海正揚塵鶯花一濺憂時淚香火甯留供佛因此後相逢又何日水雲渺渺獨傷神

三月初四印魁和尙由金陵寄書報子成弟病殁於毘盧寺爲詩哭之

松關微月黯無光印上人書報汝亡翻悔平時多切責遂令此痛更難忘生前喪婦頭先白死後遺孤口尙黃兄弟之情吾已愧空山徒有淚千行

登潤州玉山超岸寺

正得江山勝金焦左右浮南徐靑背郭北固翠橫樓聽梵魚龍靜安禪水月幽登臨無限意甯爲看山留

泛月至焦山追懷芥長老

圓月出靑霄扁舟渡晚潮樓臺靄煙霧燈火辨漁樵滄

海雖多變青山尙姓焦芥公何處覓鐘梵夜飄蕭

重遊金山次文待詔金山圖原韻二首 并序

光緒紀元余住金山曾侍大定老人巾拂今退院常靜秋巖二長老彼時俱充首領忽忽三十年矣丙午暮春余由天童將之淮上重登是山則老人已八十三歲余與常秋俱鬢髮蒼然成老僧也追懷舊事不禁潸然堂頭印開和尙出文待詔金山圖索題因次其原韻二首以志今昔之感云

三十年前此地游參差殿閣倚中流沙痕漸沒濤頭岸

海氣寒生江上樓人世滄桑雙鬢老往來雲水一身浮
名山再到仍無恙北固靑靑出潤州
驚濤如碓古今春六代豪華轉瞬空郭璞墳荒亂石裏
蘄王廟冷夕陽中風帆片片過前浦雲樹森森擁梵宮
萬古興亡俱莫問且聽漁笛起江東

暮春由越之淮過揚子江望金焦有作

忽忽江湖白髮新海天愁思欲沾巾楊花一片隨流水
揚子江頭又送春
欲向金焦訪舊遊海門月黑阻行舟春風吹袂渡淮水
何處靑山是越州

四月天童道中卽事

山翠浮空瀑濺裳桐花未落棗花香籃輿緩打雲邊過稍聽溪禽啼夕陽

暮春還山

離山幾日徑都荒溪溜成池樹老蒼記得出門春尙淺歸來新笋過人長

過徐山人溪居納涼

愛此茅茨夏日幽左松右竹映淸流菱花雨過魚穿鏡楊柳風斜燕入樓二水白爭趨堰口四山靑約赴簷頭主人疏冷頗好道澹對忘言似野鷗

以山中幽勝誇示陸桂亭明府

萬樹寒松鎖翠微淡然心地久忘機山光照檻綠侵座
雲氣纏身白滿衣月黑村前山鬼嘯雨昏潭上毒龍歸
請君留此度長夏共聽蟬聲送夕暉

山居遣興次愛蓮居士原韻

安禪不避毒龍毒特解空山虎鬥來雲氣曉生游客屐
雨花時落講經臺千莖白髮催人老萬樹青松爲鶴栽
且喜世間緣慮淨海鷗何事更相猜

淨土詩仍次前韻

龍行雨過月如鏡淨土分明入夢來池上雙巢金翡翠

波中倒浸玉樓臺蓮花出水湛然潔寶樹成行不假栽
欲往西方安樂國須憑信力斷疑猜

再呈桂亭明府次前韻

風泉竹韻夜微微靜聽泠然自息機萬壑煙嵐浮佛髻
諸天花雨落禪衣雲生絕巘無人到月滿蒼松有鶴歸
一卷金經看未罷又聞鐘磬動斜暉

陳海瓢茂才入山以詩見贈賦此奉酬

偶識陳無已高談氣吐虹雲煙生筆底天地入詩中君工詩兼善書畫喜結竹林契時偕其姪入山同追蓮社風憐君題好句
應得碧紗籠

重至金陵毘盧寺陳伯嚴吏部步月見顧話及亡
弟子成淒然賦此

三年重到石頭城野寺蕭寒百感生衰鬢更逾前度白
佛燈猶照夜禪明看雲憶弟人何在步月逢君淚卽傾
一漾清涼舊山色春風悽斷鷓鴣聲

賀師旦來山賦詩次韻以答

山人山裏住住久遂忘山雲氣生衣上泉聲來竹間幽
花解禪意瘦石肖僧顏苦被詩魔擾沉吟殊未閒

覺道同參於普陀深處結茅庵安禪丙午六月余
渡海相訪喜巖壑之勝作此贈之

踏破芒鞵早放參海山深處結茅庵白雲倚岫意俱遠赤日當天晒倘酣水月禪心君已悟煙波興致我能諳會須來卓林間錫彌勒何妨共一龕

訪鄞邑令高子勛明府不值

箬笠遥相訪晴雲作曉霞高枝無鬥雀野水有鳴蛙海近潮來急官清吏不譁輕車何處去閒煞一城花

雨後明州郡齋與喻庶三太守坐談宗乘忻然有作

一雨郡齋涼煩暄忽已忘與公談淨理還似在清湘高柳搖疎影秋花生晚香上方歸路近鐘磬動斜陽

秋日懷吳夢舟長沙

芙蓉落曉霜忽覺海波涼昨夢洞庭月歸浮湘水航夫
君不可見而我意難忘楚越五千里迢遙空夕陽

遯翁易笏山信天翁陳六笙兩先生年皆八十一
俱以藩司乞休易則僑寓九江陳則寄居西湖
俱以今秋物故友悲悼間忽聞江南顧石公亦
於三月醉死烏龍潭上余與三公忝有文字緣
爰各以一絕句挽之

欲把芙蓉訪玉京九江遙望海雲生遯翁仙去匡山老
九疊屏風空月明　遯翁喜談丹訣

八十一翁西蜀還可憐白髮尙紅顏吟殘西子湖中月化鶴應歸海上山

我愛江南顧石公苦吟終日坐松風大瓢一醉龍潭月便與劉伶荷鍤同

滬上晤鄭蘇堪京卿作此奉贈

舉世正炎燠斯人心獨涼高懷吞海月吟鬢閱邊霜眾鳥方爭啄孤雲竟自翔無窮家國事歷歷話滄桑

次韻答鄭蘇堪京卿七古二首

剎那剎那世遷移纔覺新詩俄已舊了知三際不可得去無前古來無後覺皇邈矣復何言此理久爲人詈詬

嗟余學道老無成捨身祇堪飼猛獸開堂豎拂空爾爲
般若傳燈誰乞授明朝別君還甬東安禪欲更尋雲竇

其二

道人觀世如浮雲何者爲新何者舊故應病眚發狂華
妄見生前與身後誓將平等齊冤親豈喜佛讚嗔魔詬
帝釋螻蟻同一塵天人甯異於鳥獸但嗟禪理今欲絕
大千寥寥誰可授不如宴坐默無言一任天花滿巖竇須菩提宴坐巖中默然無言天帝釋往散花歎其善說般若

附鄭京卿原韻

頭陀畜髯有時名交遊一世多耆舊手持詩卷使我

讀汲汲似欲傳身後向謂我癡子更癡癡而又貪佛所詬我今瞢騰混世塵笑殊同羣於鳥獸古人妙處皆已死糟粕安用私傳授待我斬絕煩惱緣披髮相從入雪竇

八月五日海藏樓主人招余及陳布衣奉陪朱侍郎晚齋賦此敬謝

主人味禪悅招我日初殘箹竹引涼步秋盤潔晚餐笑言塵刹幻如對海山寒忝與勝流集清芬挹杜蘭

朱彊邨侍郎以詞集見貽賦此奉酬

彊邨老詞客貽我碧雲章展讀坐高閣含情對夕陽幽

泉寒漱玉老鶴夜鳴霜持此比高調余懷殊未央

八月二十二日陳鶴柴居士邀余及俞恪士吳蓉初兩觀察飯於滬上某氏園即送恪公北上

好道陳居士邀余就晚齋況逢今雨好時陳哲甫亦至復與故人偕俞吳皆余湘中故友高館成良會秋風動別懷江干一揮手寂寞返雲崖

次世退庵廉訪九日偕友人登太白山出示五律四章次韻奉答

使君幽興發小隊出郊行野寺尋秋至山僧掃葉迎祇嫌松鶴唳來雜草蟲聲應愛龍潭水出山無此清

佳節愛重九相攜此地游天清羣籟息竹密細泉流紅葉經霜艶黃花過雨秋夕陽山更好望遠且登樓
喜陪高士語彌愜出塵襟坐覺碧山暮因談淨理深千峰含暝色一磬定禪心隔斷人間路松關積翠沈
登高一微咏幽谷盡傳聲五字眞無敵諸峰相與淸霜寒楓更落雲淨月初生却視長庚笑茲山浪得名

劉貞女覺解優婆夷讚

猗歟劉貞女覺解優婆夷不字篠童眞奉佛報母慈蓮花出淥波天然絕塵姿慧根固夙植妙行亦善持闍浮偶謫墜安養終當歸佛光燦皎皎天樂遠微微高誕華

池淨長與胎獄辭浮漚雖已滅神理恒若斯清芬誰爲
宣揆筆賡此詞

江北水災一首

客從徐州來未言淚先垂江淮今歲災迥異往昔時一
自海禁弛米貴等珠璣窮簷那得飯持豆以作糜還期
秋稼熟猶可遂其私豈知六七月大水淹沒之廬舍旣
漂蕩農具罕見遺死者隨波濤生者何所棲相攜走泥
濘路滑行步遲飢來欲乞食四顧無人炊兒乳母懷中
母病抱兒啼倉卒骨肉恩生死終乖離不如賣兒去療
此須臾饑男兒三斗穀女兒五千貲幾日糧又絕中腸

如鳴雷霜落百草枯風凋木葉稀掘草草無根剝樹樹無皮飢嚙衣中棉棉盡寒無衣凍餓死路隅無人收其屍傷心那忍見人瘦狗獨肥哀哉江北民何辜罹此災

乞端午樵尙書經幢奉呈二十四韻丁未

擾攘遭艱運安危倚大臣遠猷扶社稷宿抱奮經綸去思碑遺楚來蘇歌動秦重溟問殊俗絕域駐征輪使節回滄海　天書下　紫宸南邦還舊治北固挹清塵膏雨蘇凋瘵橫流扼要津論文忻得士經武正談兵淮海災千里存亡繫一人不眠憂反側嘗餅味酸辛公取嘗災民豆餅分啖僚屬慷慨發棠急迢遙轉粟頻那堪哀赤子忽報起

黃巾飛檄平江右驚濤靖海濵功成翻殞涕算秘欲通
神攬勝窮巖壑怡情洽隱淪看雲心更遠嗜古意逾新
野衲忘衰朽幽居得素貧金嶘騰作杖雪竇近爲鄰澗
草軟承屐巖花細吐茵難持綺語戒空老苦吟身朱紱
敢輕謁白鷗聊自馴經幢如可乞玉帶復何珍法苑留
佳話名山結淨因鄰侯調鼎日應許嬾殘親

午樵尚書屬題石鼓文搨本

衡山吾舊仕曾陟岣嶁巔蝌蚪照赤石鸞鳳翔蒼烟斯
文紀方叔神武歌周宣願公匡
聖主再頌中興年

余小住毘盧寺時李茹旻大令自海州歸以二鶴相貽忽一鶴爲野犬所斃一鶴隨余還天童亦哀鳴不食而死余瘞之松下誄之以詩

故人新自海州歸二鶴相貽近錫飛羽族忘機應不死雲霄失侶遂無依哀鳴竟爾聲俱邈感事因之淚亦揮瘞汝松根還作誄千秋華表事依稀

題趙仲青二尹詩集五截句

如此清才復幾人蕭然一室久忘貧廚空不借鄰家米二尹高風自絕倫

一卷琳琅手自裝身閒却爲賦詩忙殘年絕粒茅簷下

猶對梅花嚼冷香

倩我題詩久未曾料因怪煞老禪僧拈毫欲了多年債
大雪漫山硯已冰

十年薄宦甬江邊山水多留文字緣何用豐干强饒舌
新詩句句自堪傳

君家漢水楚江頭海內爭稱趙倚樓黃鶴高飛誰可近
白雲遙望思悠悠

題趙仲青二尹神交集六首 並序

趙仲青二尹霈次明州因閱報紙與白門鄭寄伯通州張峽亭兩茂才競以詩唱酬氣味相投

遂訂爲金蘭之契各選詩數十首合刻名曰神
交集索余題詞回憶壬辰夏鄭湛侯宰衡陽時
君掌記室會隨湛老及其三公子叔獻孝廉赴
余羅漢寺齋今鄭氏父子俱已下世光陰流電
余與君皆老矣因題六截句以志今昔之感云

雲壓枯松倒寺門萬峯寒逼一燈溫攤開詩卷焚香坐
猶認高張舊夢痕

白門高誼薄層雲張拙清才亦不羣張拙唐時名秀才善詩醉心佛理
等是江南好風格未曾識面已知君

惟憑文字訂心知千里言情各賦詩觸我故人今昔感

春風吹鬢淚如絲

道人萬念已如霜剩有交情老未忘今日逢君談舊事
白頭還哭鄭衡湯

憶昔偕君謁梵筵香厨齋罷更流連嶽雲湘月渾如昨
彈指人間十四年

海上煙濤照眼新嗟余鬚鬢皓如銀滄桑閱世心無住
支許論交老更親此二語乃前歲與吳雁舟太史在滬上聯句語也

天童坐雨懷陸漁笙太史卽次其去秋游山原韻
四首

重陰久無日澗水漲如河忽報溪橋斷誰來策杖過正

愁山寂歷更苦雨滂沱白髮衰時叟春懷可奈何
去歲辱相尋吟秋野寺深幽花然夕照細雨淡疎林喜
接高人語因聞大雅音清遊如昨日離思悵孤襟
衡嶽重來此匆匆又五年松杉青似舊鬢鬢白逾前世
態紛無定禪心亦惘然惟餘蘇玉局文字有深緣
身閒心自遠詩境老逾佳好踐名山約同持繡佛齋不
妨參玉版兼可鬥詩牌十里松陰路何時踏翠來
懷陸太史七絕一首次見寄原韻
綠陰涼浸水晶簾白藕花香雨後添料得玉堂清夢醒
萬山青上兩眉尖

余別黃俊生司馬已三年矣今因嚴筱舫觀察小祥來山作詩見示次原韻二首

閱盡浮雲萬變時此心孤月復誰知玲瓏岩下留題處猶得重逢與論詩

久滅音塵欲碎琴喜聞白雪動清吟可能留此銷炎熱坐受千巖冷翠侵

將徧游吳中山水

萬緣休歇付癡憨山水娛人老尚貪一片閒情何處著淡雲微雨過江南

金陵聞安徽恩中丞被刺賦感

忽忽風潮震若雷皖江一夕中峰摧此眞動魄驚心事
難以人情物理推滄海橫流那可蹈白雲出岫自堪哀
眼前荊棘銅駝意都向臺城落日來

維揚懷古二首

隋帝南巡玩物華錦帆到此欲爲家紫泉宮殿今荒草
莫問瓊花觀裏花
六代興亡付刼塵綠楊城郭舊時春二分明月依然在
猶照繁華夢裏人

梅花嶺謁史閣部墓

荒草萋萋掩墓門杜鵑啼斷月黃昏欲知亡國當年恨

萬樹梅花是淚痕

平山堂懷歐陽公

獨上平山有所思公於我法未深知如何一代文章伯祇序浮屠祕演詩

贈金山秋崖長老即題其拈花圖

江山最勝處乃得住斯人寶月或前世德雲應後身微拈花共笑一任海生塵語罷碧松暮江天月色新

登北固山

長江此門戶第一拱雄關江勢欲吞海濤聲直撼山雲煙生脚底樓殿倚波間坐覺金焦晚城頭踏月還

登焦山絕頂

欲縱江海目攀躋上翠微水磨天作鏡龍挾雨爲衣北固鐘聲近南徐樹色稀焦山北固僅隔一水不過二三里許南徐去此尙十餘里昔人樹色南徐近鐘聲北固遥之句恐未親歷其境特反其意以證其失下方清課罷明月滿船歸

登松寥閣懷陶齋尙書

不盡江山勢都歸一覽收潮聲連海濶雲氣壓天秋日月波中出乾坤檻外浮永懷庾太尉寂寞倚南樓

重過常州天甯寺愴然有感

毘陵城外古天甯杖策重過涕自零三老共藏多寶塔

青長老及有乾高朗二公示寂已久俱塔於磬山故人惟剩兩晨星謂如廣道與二師寒松猶是舊時翠衰鬢都非昔日青垂老江湖還惜別可憐天地一浮萍

將歸天童贈陸无悶居士

太白千峰外歸心渡海遙難忘白雲侶如對赤城標淨理晚年得神情一悟超高踪何處覓盡日在松寮

閶門懷古

日暮登閶門長歌生古憂夫差愚且愎釋囚忘父仇哀哉伍子胥忠誠爲國謀奈何拒不納自刎抉其眸忍見越師來寒濤挾怒流峩峩姑蘇臺一炬成荒邱吳國既

為沼吳王盜用愁至今頭白烏啼斷吳宮秋

五人墓 即魏忠賢生祠故址

魏閹竊權日氣燄欲薰天舉國畏其勢五人殊不然青山埋俠骨朱戶冷荒烟坏土亦云幸名隨烈士傳

虎邱

闔閭葬骨此佳城霸業銷忘息戰爭獨有雄心猶未泯不教寶劍與秦嬴

劍池

闔閭有神劍龍虎不敢窺未能勝句踐持此欲何為祖龍亦大愚取劍留此池丹巖空受鑿長貽山靈悲

生公講臺四字爲李陽冰篆下一石似低頭聽法

虎邱講臺在說法憶生公頑石頭能點靈根慧自通夕陽移塔影寒磬落松風欲汲劍池水恐驚潭底龍

白蓮池爲生公故迹花時清芬遠聞使人彌清塵外之思作詩讚之

碧池秋水湛靈根片石生公迹尙存花亦低頭如聽講曉風殘月澹無言

眞孃墓與生公講臺對峙下有白蓮池

眞娘古名妓埋玉此山前應聽生公法能空色界緣白蓮香自淨翠竹悟皆禪好學散花女殷勤禮覺仙

禮隆禪師塔

傷哉隆祖塔寂寞冷荒煙荆棘行無徑見孫愧不賢蒼苔餘斷碣古木咽寒蟬落日來瞻禮追懷獨愴然

曉登靈巖山

靈巖蘊神秀飛翠冠諸岑落月引孤趣冒煙始一尋奇石肖幽鬼古松鳴玉琴門前五湖水浩蕩開余襟

日暮靈巖望太湖

靈巖山上望陡覺太湖寬天背星辰濕濤頭殿閣寒浪花翻暮雪雲影壓迴闌我欲挾明月煙中驂白鸞

靈巖咏古四首

館娃宮

一片斜陽裏還憐舊館娃歌塵微度梵宮鬟祇餘鴉字相惟工媚君王不戒奢樵人談往事猶自怨夫差

西施洞

巖下西施洞吳王舊幸頻遠山橫黛碧初月畫眉新水底香脂滑香水溪脂粉塘皆西施故迹舟中伎樂陳夫差作青龍舟舟中盛陳伎樂與西施為水嬉一從五湖去寂寞苧蘿春

石城

吳王造此城何曾拒越兵徒勞萬夫力媚此一人情惟剩採香蹟甯聞步屧聲採香徑響屧廊故迹俱存山花亦何意猶學

舞衣輕

琴臺

琴臺高突兀琹壓石城陰琴臺在靈巖絕頂據石城之上但惜笙歌耳那知山水音故宮餘蔓草落日滿空林冷浸吳江水浮雲變古今

題鄧尉香雪海

鄧尉知名久我來梅已花空思香雪海洗我舊袈裟樹密蟬聲沸庭陰日影斜終須罷行脚長住白雲家

題鄧尉諾臞和尚一蒲團外萬梅花圖

一箇蒲團外禪心絕點瑕當門五湖水繞屋萬梅花行

苦因持律詩情爲飲茶何時結茅屋相伴老烟霞

與諸道人泛太湖十六韻

萬頃汪洋色遙知是太湖風帆連兩浙形勝控三吳島嶼浮空遠波濤湧雪粗四圍天作界一望水平鋪巖壑松蘿盛晨昏氣象殊餘霞朝散綺圓月夜跳珠白鳥飛難越紅塵到得無衣香菡萏雨心淨水精壺眞賞襟初愜良游興不孤況乘禪課暇還與道流俱覽古船同繫尋幽杖共扶納涼依細竹充飯煮新菰眠伴沙頭鷺趨隨草際鳧物情閒自適舟楫道無拘山翠夕逾好溪嵐淡可娛烏蓬長七尺容我置團蒲

太湖舟中遣興

一葦五湖客飄然不憶歸天痕青作笠雲氣白爲衣鷗
鷺如相識煙波共息機夕陽山更好帆逐彩霞飛

題吳牧園太史前溪散牧遺照二首

青簑黄犢舊風流玉帶金魚懶自謀銷受林泉最清福
晚風涼月意悠悠

玉堂舊夢了無痕片石科頭小照存欲問神游向何處
一犂春雨杏花村

聽枯木長老彈琴

老禪抱古意爲我撫焦桐如坐石臨澗微聞松語風禪

心冷香雪師知余好梅特彈梅花三弄仙梵出花宮曲罷日亭午片雲生碧空

海上重晤陸廉夫

湘上一爲別相思直至今那知黃浦月還照白雲心時事嗟無極秋風鬢已侵何當攜手去共上虎邱岑

遇蒲作英於滬上寫竹見貽詩以奉酬

與可知名久無出一遇之偶回滄海棹忽見紫芝眉秋雨涼吟屐微霜颯鬢絲憐余念鄉國爲寫碧湘姿

丁未六月嚴子均漁山昆仲邀蒲作英葉廣庭及

日本滑川達長尾甲集小長蘆館爲余與陸廉

夫餞別

主人敬愛客英俊盡來臻炎蒸勢方灼坐覺綠陰寒圜蔬潔香飯山果湛清尊玄言發妙理涼颸祛煩喧勝遊念難再佳會情彌敦明晨悵孤棹白鶴誰為尋一望海山遙青天愁片雲

小長蘆館雅集座中諸子有詩書畫三絕忻然再次前韻一首

一室詩書畫浮生有此時荷香涼入袖山色遠橫眉擊鉢發孤興吟髭白幾絲君詩如朗月照我碧蘿姿

德堂上座由湘來天童省余作詩見貽次韻答之

老懶渾無着飄然此地游離鄉六見菊話舊十經秋冷抱白雲卧横隨滄海流吾宗得骨髓捨子更誰求

漫興疊前韻

吾道甘寥落蕭然林下游一從泯照用不計有春秋粉碎虛空骨平吞巨海流聖凡皆夢幻老矣復何求

四明文晉卿太守將解印寄詩留別次韻以送其行

青天好明月惜被片雲封尙覺清輝影猶懸碧澗松金風期一振玉魄又重逢終踐名山約探幽意莫慵

喜見陸漁笙太史三令郎戲成一截句奉贈

兒孫繞膝又添丁桂蕊蘭蓀香滿庭何事相逢成一笑
老人星有小文星

重陽追輓世伯先廉訪并序

去年九日前浙東觀察使世伯先廉訪偕幕客
來太白山登高作詩繪圖見貽且致書江督端
尚書爲本寺乞唐人經幢藏之奎煥樓今年四
月卒於皖臬任所重陽對菊感舊傷亡泫然賦
此

去年九日使君來今歲重陽安在哉黃菊有情應墮淚
青山無語自生哀蒼茫人事眞難定寂寞禪心老益灰

遥望晥江空一哭，不知旅櫬可曾囘

鄞邑何珊瑚茂才精岐黃術活人無算年七十與其孺人今秋同日而卒詩以輓之

名山樂道養幽姿一笑相逢憶往時早識杖鄉還杖國不爲良相亦良醫紅顏伴讀人爭羨白首同歸事益奇惟有劉樊堪合傳又添仙眷赴瑤池

玉几峰高對結廬經過猶記晚涼初白雲蒼狗看浮世紅樹青山讀異書曾折梅花勞記我拙集舊名嚼梅吟君懷余有折梅還寄嚼梅人句欲歌薤露渺愁余虎溪蓮社都寥落垂老天涯故舊疎

余住天童六載將滿陸漁笙太史作詩相留爲七絕句一章酬其雅意

六載離湘鬢已斑身如倦鳥苦思還忽傳仙客瑤函至留住孤雲不出山

附陸廷黻和作

七十三年鬢已斑相逢安肯放君還題詩願乞如來佛䠂跡長留太白山

八指頭陀詩續集卷七

涂茨衡太守由奉省罷官還湘爲庵男韻詩見懷次韻奉寄有序　戊申

憶光緒丙戌六月十五王壬秋先生集諸名士開碧湖詩社獨遺王雁峰山長因有詩見嘲云長沙近事君知否碧浪湖邊多鯽魚是年十月初九郭筠仙侍郎於茲作展重陽會余爲代邀雁老赴會而城南杜仲丹熊鶴村各以事不至侍郎賦七古一章中有句云王郎妙語誰能識碧湖便可名金鯽城南詩老掉頭去釣竿魚尾

不相值又贈熊鶴村云我亦鯽魚甘受餌君如
鷗鳥獨辭溫明年上巳公與陳伯嚴約余同友
人修禊湖亭分韻賦詩遂題鯽魚第三集於卷
端今名士鯽魚半隨物化讀侍郎詩不覺感慨
係之

紫微山上碧湖庵佳節同游三月三集鯽已曾成妙語
聽雛且共佐清談喜聞彭澤官休早不戀邯鄲夢正酣
我爲故人頻禮佛祝君多福更多男

二疊前韻再寄

不將朱戶易茆庵誰識先生所貴三早許雕龍成絕藝

還思捫蝨接新談有才身遁名難晦無酒詩成興亦酣還憶老懷應自慰盈階瑞草並宜男

王益吾祭酒近於湘中賦庵男韻詩有却憶天童吟伴遠即論燒指亦奇男之句因有感三疊前韻奉寄

葵園幽寂似禪庵公住長沙荷花池園中多葵人以葵園先生稱之一別雲松歲兩三滄海浮漚觀世態河汾舊學向誰談不愁對鯉趨庭缺定卜飛熊入夢酣指日荷花誕靈秀余曾爲公代禱普陀大士一花一葉一童男報恩經云鹿母夫人見祈嗣池中蓮花誕五百童男

酬陸漁笙太史四疊前韻

玉堂人老似居庵開徑無心益望三三愛看梅花存冷趣懶翻貝葉喜僧談烏紗黃綬夢俱遠白首青山酒半酣晚歲林泉有餘樂兒孫繞膝又添男

附漁笙陸廷黻見贈次庵男韻詩

我是山陰老學庵送師歸渡碧湘三末容謦室常時聚且得離筵片刻談鐵可成金言太重謬爲易一二字推獎太過茶堪當酒興猶酣他時再入天童去儻許皈依作善男

五六疊韻奉酬明州太守夏閏枝太史二首即以留別

郡齋清冷似僧庵聽皷趨衙吏兩三莫畏春愁生白髮且標神理縱玄談平情折獄心猶凜中酒看花興未酣難得風流 太守肯從野衲詠庵男

碧湖湖上有荒庵歸去言尋老友三（謂王益吾祭酒王壬秋徵君葉煥彬吏部）閒逐鯽魚聯雅集共親鷗鳥暢幽談湘淸嶽峻詩應好柳暗花明春正酣莫笑頭陀無眷屬白雲隨杖即僧男

附閏枝夏孫桐和詩寄公屢約遊天童牽於塵事未果適示庵男韻詩率和

浙東佳處有茅庵十里松存偷一二三望裏雲山不可

即座中風月每傾談春寒十日晴猶殢梅瘦一枝花未酣何異樊中仙翮羡低頭媿煞杜陵男

寄公將遊金陵叠前韻送之

頭白耽詩老一庵狙公閱世笑朝三未鐫文字甯非障能歛機鋒却耐談入海孤帆烟浩渺連江春雨意沉酣乳鴉流水青谿路儘許投詩弔阿男

贈黃懺庵司馬七叠前韻

甬上詩人黃懺庵夜吟對月影成三白雲天遠安能問紅雨樓空不忍談君亡夫人有紅雨樓詩卷品竹虛懷心更逸看花老眼興猶酣痴情代訴慈悲佛早晚還生福慧男觀音經云

欲求子者便生
福德智慧之男

附懺庵黄家鼎次韻奉酬寄師贈句

清夢常廻東谷庵（天童東谷庵爲天嶽禪師退居）久慚雅約負重三（前年大作有後會還期三月三之句）離情因結林泉習鼓興還爲風月談詩寄草堂春意滿書藏石室古香酣他時倘許抛家計願共高僧採麝男

再次元韻補賀寄師新得端午師唐幢

阿育王山永壽庵百梁幢出鼎而三（指鄞縣三唐幢）天童新得千年物世界應增一美談剎蘇爭看文字古選箋拓藉墨花酣永康茅舍乾元樹鎮寺堪稱伯子男

寄呈笠雲本師八疊前韻

麓山飛翠蔭千庵我法羣推不朽三最恥小乘圖自了
惟將眞諦與人談轟雷掣電禪機捷卧虎跳龍筆陣酣
師機鋒敏捷而書法尤工杯度東瀛動朝野香花爭散女偕男

山中即事九十疊韻

萬樹梅花繞一庵絕無人問法門三謂大中小三乘法也看雲倚
杖聊行樂聚石爲徒祗自談日出飢蜂飛正鬧雪銷凍
虎睡初酣老來魔佛都無奈山魅何勞幻女男
海水搖天綠入庵滄桑遷變已經三芋香懶衲蒙頭卧
柯爛仙樵戀手談瘦石幽花禪更寂薄雲微雨意遲酣

山園日涉自成趣笑指雛生是小男

趙仲青二尹次庵男韻贈別言及亡友鄭湛侯明府及其子叔獻孝廉不勝山陽之感十一疊韻

莫憶衡陽江上庵（仲青曾充衡陽令鄭湛侯書記）鄭虔已死絕亡（亡讀無）三讀君詩好驚奇作嗟我情痴忍痛談游宦人間才未展修文地下興應酬平生最小偏憐子（湛翁三子叔獻最慧惜早喪無嗣）天喪還傷無一男

贈趙二尹十二疊韻

六年掛錫甬東庵一月相尋至再三每對青山思舊事欲傾滄海洗新談片雲隨意生涯冷薄宦就吟興味酣

莫怪老禪頭雪白見君生女復生男

附漢陽趙潤贈詩二首贈別

飄泊東南老蘗庵閑雲野鶴共君三衡湘墮夢從頭憶識師於衡陽羅漢寺今十七年羣紀遺文忍淚談謂鄭湛老及家叔獻孝廉落知交惟白足別離時節又紅酣青谿游到須回首蔣妹才華昔勝男

此去鐘山莫結庵歸來應趁節重三長鬚似戟驚虬叟大局如棊憤史談輸爾天涯行得得愧予塵世夢酣酣何當垂釣晴川水供餌還欣有小男

警世二首十三四疊前韻

世界都藏一粟庵佛身無量且言三謂圓滿報身清淨法身千百億化身也拈花迦葉微含笑杜口維摩默不談聲色叢中呼不醒公侯枕上夢方酣可憐滿眼痴兒女六賊家家認作男

萬松青鎖定僧庵降伏貪嗔痴毒三佛經以貪嗔痴爲三毒要把虛空成粉碎始知箇事絕言談木人中酒醉難醒石女懷胎春正酣打破重關關棙子男兒到此是眞男

太白峰望海十五叠韻

太白峰頭望海庵望中何處有山三越人天姥猶眞語海客瀛洲總妄談賀監高風今尚在謝公游興昔曾酣

鎚幽鑿險功非淺論賞宜封一等男

明州旅舍書懷十六疊韻

爲客明州旅泊庵（明年古有旅泊庵蓋取楞嚴經旅泊三界示一往還之意）三年已滿又重三（余住天童已六年矣）也知香火緣前定亦畏風濤海上談片石孤雲違眾賞千花萬柳戰春酣彌陀慈父應憐我願作蓮胎最小男

將之金陵舟至吳淞阻霧夢游廬山覺而賦此

我自昨日辭甬東黃浦小歇何匆匆金陵迢遙隔春渚乃欲破浪乘長風濃霧蔽江不得渡孤舟兩日仍吳淞忽夢淩雲生羽翼步虛疾可追冥鴻鍾山彈指颯已到

故人一笑皆相逢便携笠屐陟廬嶽五峰秀攬青芙蓉

三峽銀河落天半借此蕩彼塵海胸虎谿嘯聲猶在耳

踏月還聽東林鐘蓮社高風應未墜吾將老此巢雲松

二月一日金陵對雪

金陵城頭暮飛雪重衾一夜冷如鐵曉起登樓一倚欄

在目無塵皓以潔三山二水分瀰漫白鷺青天同一色

烏鴉翻空微弄影素蛾含輝深匿跡門海玉龍興方酣

嘶風鐵馬愁欲絕三農計日動春耕六出非時豈云吉

老禪憂世畏年荒詠絮無心苦民疾

對雪贈梅凝子李二翰林

四山失繁翠高閣遠生寒江城一飛灑天地皓漫漫凍
鶴飢無語梅花冷自看誰能比孤潔清詠獨憑欄

杭州白衣寺松風和尚哀詞二首

末刧同塵轉願輪那知爲法竟亡身可憐流血開風氣
師是僧中第一人（師以興辦僧學爲頑學輩深嫉致慘死）
西湖回憶早涼天紅樹青山共放船一別便成千古恨
春風吹鬢淚潸然

由四明還長沙途中雜感得七絕十首

大海浮杯歲月驚可堪頭上雪千莖多時不返瀟湘棹
夢覺衡雲繞足生

千里雲帆掛浙東歸心山色兩爭濃金焦殘雪壓寒翠
疑是卧波雙白龍
夕陽野寺擁晴嵐沼路春光絕好探萬頃煙波舟一葉
落梅如雪過江南
采石磯邊碧柳垂舟人指點謫仙祠祇憐醉月騎鯨去
同是人間未醒時
江上迢遙望九華此身便欲伴煙霞金地藏送童子下九華詩云此去不須頻下淚老僧相伴有煙霞自嗟瓶鉢塵中老孤負蓮花大似車余嘗夢登九華見金池五色蓮花大如車輪
九江飛夢上廬山遙見仙人跨鹿還長嘯一聲寒月白

忽驚身在水雲間

百戰山河霸業空我來赤壁哭英雄孫吳差足强人意
留得周郎一炬紅

一葉東來汗漫游大江淘盡古今愁舉頭却揖青天月
照我還登黃鶴樓

海上狂龍解聽經三山長在袖中青無端忽起還鄉念
春水茫茫渡洞庭

青草湖邊浪作花黃陵廟口樹棲鴉禪心老去渾無住
猶望長沙是我家

長沙小憩仍歸天童感事四首

離鄉忽已老兩鬢雪霜侵春草動歸思孤雲生遠心吟辭滄海遠愁入碧湘深太息芷蘭地風騷失舊音

却尋舊行徑亂草沒幽蹊不謂蓮花淨今成濁水泥負燈愁室暗寶筏奈川迷邈矣覺皇遠誰堪化闡提

孤舟歸遠客獨詠動哀情自足欲何適滄浪空自清却憐吾道拙不與世途爭惟有中天月依然永夜明

又欲浮杯去高棲海上山行將孤笠影歸掩萬松關黃鶴不復返白鷗聊自閒何須得丹訣而後棄人間

王益吾祭酒以二絕句題余吳中游草即次韻書懷

吟風弄月且消閒說法其如石太頑自笑萬緣休歇盡
猶餘一髮甬東山

山河大地鏡中痕歲月如流萬馬奔虛擲空門閒甲子
祇依山谷作詩孫余俗姓黃為山谷老人遠孫

附王祭酒原韻二首

說法觀空未是閒鉢龍泥虎太癡頑何如揷脚塵中
去踏徧江南兩岸山

道人佳句兩天痕自註師憶天台茅庵有袖底白生知海色眉端青壓是天痕之句一時傳誦頃太湖舟中詩天痕青作笠雲氣白爲衣亦佳句也閒送雙輪晝夜奔遙
想靈巖最高處俯看萬象盡兒孫

戊申二月由四明還湘喜晤編修黃覲典太守匆匆又東下蒙贈六絕戲爲拗句次韻奉酬即以留別

孤帆渡海煙冥冥湘上蘭橈時一停欲訪騷人問漁父呼他明月醉中醒

不戴朝天獬豸冠（公曾官御史）夢魂猶自墮長安書名並與麓山重時見龍蛇蟠筆端

貪江之水絜且廉貪水之山幽而嚴白尤濃煎香勝茗黃虀淡味清如鹽

老年愛靜倦論文中酒看花意却勤白首蒼山自來去

拂衣長嘯芙蓉雲（芙蓉山距公家不遠劉長卿宿芙蓉山詩日暮蒼山遠即其地）
道人學道詎貪名詩草删除苦又生一曲陽春知寡和
滄浪聊答棹歌聲
行脚天涯太遽忽靑楊恨不繫飛蓬此後蒼茫雲水隔
惟憑梅鶴寄書筒

附黃編修原韻六首

戊申春半雨中寄禪大師見訪因言前年鄞縣陸漁笙學使有詩箋奉寄如達左右宜有報章寄師維舟將發卒成六絶聊以贈行並柬漁笙學使

風風雨雨晝冥冥，難得幽人屐齒停。世事祇今無可說，祇應長醉不須醒。

寒山拾得吾湘雋，肯讓彌天釋道安。卓錫名山今欲遍，盡收甌越入毫端。

無田不退詎非貪，長笑東坡律太嚴。豈料而今須早計，莫羞送老祇虀鹽。

身將隱矣又焉文，老不成名每勸勤。多少音書遲作答，篋中常擁吉祥雲。

浙東詩伯舊知名，咳唾隨風珠玉生。信是曲高人寡和，吟髭撚斷不成聲。

隴頭昔別太匆匆，湘上今歸類轉蓬。此去句章逢太史，煩將小柬代詩筒。

春山漫興

地勝遺塵事，心清妙見聞。琴聲微雨潤，花韻夕陽熏。樹樹啼黃鳥，峰峰生白雲。翻嫌幽賞足，欲覓個人分。

去夏問遊吳門，蒙陳伯屏中丞贈六絕句，携之還山，遲遲未報。今春禪誦之餘，謹次原韻奉寄

春風花鳥樂陶陶，遙想元龍意氣豪。萬頃太湖波浩渺，青天一月出雲高。

文章政事儘堪傳，玉局人稱是上僊。共喜爲霖能澤物

莫嫌覔句未忘詮

白頭開府已嫌遲肯讓瓊林挺後枝應愛吳中山水勝
簿書有暇輙哦詩

如毛羣盜漸皆平返旆爭傳父老迎黃犢一犂春雨足
田歌聲雜凱歌聲

見說探梅鄧尉遊冷香如月淡難收碧紗籠內新詩在
不羨山門玉帶留

煨芋能嘗個味眞清風一拂物皆春他時李泌衡山頂
守護烟霞有替人南嶽烟霞峯舊有李鄴侯讀書堂

附陳中丞原作六首

入社攢眉我媿陶浩圓人盡虎龍豪自註余入都時師邀王益吾王壬秋徐叔鴻於浩園爲余餞別今已八年矣遠公別後鬢如雪又見詩篇尺許高

白梅高詠世爭傳有雪無春句欲仙自註師詠白梅詩有意中微有雪花外欲無春一聯爲名流推服疎影暗香誇絕唱較來終是落言詮

探梅鄧尉已嫌遲綠葉成陰子滿枝我及早春香雪海翠禽啼處獨吟詩

金閶名勝數天平路轉山椒萬笏迎洗鉢泉鳴松籟歇靈巖遙送塔鈴聲

元墓山高記昔遊太湖一角望中收老僧爲說南巡
盛到處琳宮聖藻留
兩浙名山愜道眞羡師飛錫五經春擬謀楊子一區
宅也去西湖作主人自註余將移家杭州擬買徐文定舊宅作廬
寄贈葉煥彬吏部三絕句並序
曩在湘中疊崑崙韻贈易實甫觀察有篋中諫
草都成血衣上天花不着痕句吏部見之喜曰
上句切實甫曾上萬言策下句則似僕爲人蓋
僕少年斷絃至今不續不娶雖花天酒地日事
遊戲此心宴如此詩可作贈易葉二人實翁聞

之堅持不可曰烈女不嫁二夫佳句可改貽二人乎余因以專贈實甫吏部覺頗不直余而余每欲詠吏部之爲人苦思不得時閱十年忽於海上一夕定起海淨天澄圓月獨明忻然得三絕句爲之寫照

波澄水活湛如鏡樹老心空翠欲飛恰似吾湘葉吏部萬花繞座不沾衣

不居朝市不山林別有飄然獨往心魔佛界中難位置老僧入定費推尋

雨過微雲淨碧虛一輪皎潔此心如新詩吟就佛應笑

遙寄維摩長者居

春雨既晴坐聽谿聲頗悅禪寂

北澗初過雨東風旋作晴薄雲當戶散新筍負牆生忽忽春將暮纖纖月自明茅堂清不寐支枕納谿聲

繆筱珊太史借其少君子彬及江君詠秋來遊天童賦詩以贈

高人選勝到長庚五里喬松夾道迎獻翠遙峰微露髻催詩好鳥不停聲僧因愛客初沽酒天爲看山不放晴應笑老禪眈寂靜未陪吟展踏雲行

山行

巖戶晝猶扃幽人睡未醒鳥聲穿樹碧石色補天青岩
瀑濺衣濕谿花吹袂馨誰於看雲處添築小茅亭

贈長庚庵主

五里松陰路長亭復短亭谿花然澗碧林鳥語煙青聽
梵虎心醉看人佛眼醒山河是何物都向定中冥

谿行既暝投宿山寺花鳥泉石湛然淸麗賦詩以
志幽賞

俯視諸人暝山門倚樹端泉聲松徑曲花氣石幢寒野
鶴巢雲穩鄰雞唱月殘老僧淸課罷燒筍供晨餐

暮春示衆一首

春夏之交草木深及時舉眼細參尋若看柳絮休迷雪
莫摘枇杷便當金

陸漁笙太史約來山作浴佛會至期未赴八月中
以七古一章見寄次韻奉酬

四月初八最吉日相期共浴黃金佛青山望斷夕陽斜
良辰難再苦易失去秋不速公自來布襪青鞋何坦率
今年有約竟不踐得非憚遠而悅尺禪房留掩客生嗔
曼陀花雨空盈室忽聞雲中鸞鶴鳴驚斷草間之蟋蟀
調高自古少人和刻茲詞義俱妙密焚香細讀重和南
勉步清塵破愁疾玉堂人是地行仙大壽已過古稀七

嗟余五十鬢早霜趙州齊年恐未必且學無生悟不死不死奚假養生術但願五嶽皆遍游黃犢足健如我膝歸來還訪東林舊論交更勝膠投膝休鮑聯吟那足儔支許神契或可匹惟恠昨者不赴會有如臨陣先逃脫萬松關前虛佇立白佛請究維摩詰

夏日即事

雨過炎威欲受降陰陰夏木影搖窗日斜風定池波淨白鳥飛來時一雙

招友人入山

十里松陰路未遙莫辭雲屐老僧招青山却許勞人逸

白髮甯教顯者饒竹裏琴牀經雨潤花間茗碗借雲澆
休嫌野外盤餐薄苦筍香芹頓頓燒

東坡西湖觀荷花有貪看翠蓋擁紅粧句陸放翁
翻其意云猶嫌翠蓋紅粧句何況人言似六郎
語雖妙而墮小乘余於此二句各下轉語

妙淨靈根植已深綺塵雖近未能侵莫嫌翠蓋紅粧麗
要識渠儂不染心
不礙人言似六郎天然色相那容藏能令佛土隨心淨
賴汝華嚴吐妙香

贈張子遇觀察二首 時公任甯紹台道

使節臨滄海波濤靜不揚魚龍春睡穩花木夏陰長碧沼供垂釣青山對舉觴白頭清興足猶自課蠶桑

衙齋在城市水石亦澄新魚骨矮支座鳥雛低趁人道署後園樹密鳥多有魚骨二節大數圍用以支座海山青公有領海不駭魚骨大巢林惟恤鳥雛多之句在眼池月白隨身何用兼簪紱居官轉絕塵

戊申夏六月易哭庵觀察自羅浮來滬遇於旅舍邀游天童公獨往靈峰尋葛仙翁遺蹟還禮育王塔過鬼谷祠爲長短歌行及五律七截若干首見示余以住持事繁不能次韻奉和聊題五律四章以志名山之幸云

山川靈秀氣都入短長吟明月鑄詩魄白雲生道心千巖泉灑面萬壑翠飛襟我爲茲山幸於今得賞音

意昔大溈頂迢遙冒雨來徧窮巖壑勝遠帶水雲回得句花爭雨談禪舌若雷前塵餘影事（余與觀察遊溈山有五絕門影詩百餘首今裝成長卷）回首不須哀

湘中別云久海上遇何遲遠自羅浮至同探太白奇稚川勞問訊鬼谷又題詩獨禮育王塔人天俱淚垂

名山遇才子泉石亦生香虎阜前因勝（哭庵爲張夢晉後身）龍華後果芳英雄休自苦詩酒不妨狂他日事明主還應奉覺皇

月夜舟中與哭庵觀察話舊得四絕句奉贈

躡險探奇老未疲千巖空翠袖中隨山靈斂黛無愁君至囊括雲霞了不遺

憶昔瀉山冒雨游今宵又泛越江舟痴情共祝青天月還照同游到白頭

憐君青鬢漸成霜相見無言祇斷腸淚海已枯情獄碎人天消息兩茫茫

山水緣深富貴輕杖頭五嶽儘逢迎哭庵莫哭宜狂笑成佛生天定此生

普陀山次易哭庵觀察原韻二首

四山無路出惟與碧波鄰海是大圓鏡龍爲善女人林中紫竹秀世外白華春願乞楊枝水閒浮洗刼塵

麻姑三見海揚塵今我重來三十春波底魚龍仍聽梵林間猿鶴尙親人自憐衰鬢非前日却笑浮漚是此身誰識南詢參訪意百城烟水渺無垠華嚴讚有華嚴海會童子南詢百城煙水渺無垠語

白蓮臺題壁次哭庵觀察原韻一首

普陀眞佛地海作水晶宮梵聽潮聲裏詩成龍氣中歸雲穿樹綠落月浸霞紅欲問圓通理音塵未可空

再次哭庵觀察感懷原韻三首

觀空復何著夢幻此身留減食常施虎浮杯欲度鷗雲
山雙屐徧世界一毫收我欲抱圓月同乘大願舟
數盡恒沙刼輪廻更幾生塵堆情嶽峻海積淚波成已
異人天路猶聞哭泣聲吁嗟三界苦向佛早輸誠
吾宗久寥落誰可續傳燈花笑如來佛雲埋入定僧聖
凡成異轍大小說三乘最上毘盧頂何人踏翠登

登洛迦山次哭庵觀察原韻四首

地靈山色好佛放翠毫光欲入三摩地來乘普渡航黑
風吹海立白浪打天狂愛看蓮花險高吟過此洋
念彼觀音力波濤了不驚片雲孤笠重大地一漚輕龍

象威原大鯢鯨怒已平我來登覺岸便欲了浮生

海上洛迦勝開山不計年偶嘗甘露水如到吉祥天忽草敷禪座曇花現法筵返聞聞自性妙用不唐捐

渡海難爲水浮杯更入山蛇王峰露髻龍女羣拖鬟帆影來天外鐘聲出樹間夕陽詩正好舟子喚人還

後寺題壁追懷化文長老

萬國仰慈航蓮花水亦香樓臺含蜃氣日月繞龍光海色千重碧金容丈六黃此中無六月坐覺衲衣涼

環山皆梵刹後寺最幽深法雨留天額松濤宣梵音浮空多翠浪佈地盡黃金欲作中興頌南能煥寶林

次哭庵別普陀韻一首

禮別蓮花座蓮花正發花潮頭方聽梵天上又廻槎海水皆流淚仙人亦戀家慰君惟學道莫更訪摩伽

贈武當玄都觀道士庹繼修二首並序

道士姓庹名繼修未出家時曾截指和藥療父病未幾母疾篤或言食子肝可活繼修哭禱神前手利刃剜腹出肝割一片長三寸許煎湯食母復納餘肝於腹以髮縫創口母既生繼修亦無恙設使割肝時稍知有身則不能無我又何能無痛也後母死遵遺命與弟繼成於武當玄

都觀爲道士不火食恒生啖瓜菜芋菽以自飽逢父母忌日七日不飲水而精神不稍衰日行百里無倦容武當天柱峰距均州百二十里繼修望州城歷歷可數其雉堞近城行人可辨男女其目力過人如此初督學使奏其事未報及繼修游京師和碩肅親王見之以狀上聞蒙賜純孝眞人嗚呼如虞道士者亦眞可謂眞人眞可謂眞孝子矣因爲五言二首讚之

武當虞道士苦行事多奇截指父疴起刲肝母病瘳孝思通帝座天詔下瑶墀縱得沾恩渥戕身亦可悲

豈獨黃冠者清修世有無忍饑恒絕粒煉藥始開爐放鶴三山近衡雲一笠孤丹成或相訪飛劍莫驚吾飛劍乃呂仙參黃龍禪師故事見指月錄

秋夜書懷

碧虛圓月漸東升獨照蒲龕老病僧甬上青山生白髮夢中黃嶽負蒼藤余聞黃山幽峭欲往結茅不果悔因識字多生障悞墮狂禪最下乘心印光潛塵海暗殘宵掩淚續傳燈

和陳屺懷秋夜一首即次其韻

臥看滄海欲揚塵忍淚悲天更憫人黃土青山骨未冷此句寔有所指非泛語詞也白雲蒼狗變何頻興亡氣運誰能識文

字知交老漸親石火光中吾與子且留來去自由身

夜起

夜起寒〻階踏葉行松陰涼月逗微明幽花爭向霜中吐佳句偏從枕上成頗覺山居閒有味却憐世態薄無情相交惟愛孤雲淡不逐人間作雨晴

戊申六月陪易實甫游普陀各得詩十餘首實甫有海是空王淚雲爲織女槎三代以前無貝葉六經而外有芙蓉龍來拜佛成童子客到游山變女人之句頗自得意而余作無傑出者十月十四日由甬城還山於禪寂中因憶前游忽得

七律一首不獨可與寶甫抗衡恐古人亦未道過寶翁見之必首肯曰吃和尙勝我矣

到此彌知佛理深普門日夜演潮音（法華經有觀音普門品乃佛讚大士三十二應說法隨機之妙）蓮爲大士出塵相海是空王度世心今古滄桑從變幻魚龍多少任浮沉喜游華藏莊嚴刹吐我平生浩蕩襟

甯郡僧教育會成立有以匿名函省垣總會者作此奉寄以代解嘲用釋疑謗

天竺天童若弟兄豈容謠啄鬩深情江河水合歸滄海星月光涵混太淸浪蕊浮花空自鬧春蘭秋菊亦何爭

白衣大士應含笑兩寺原同一寺名（總分會俱設白衣寺）

戊申十月二十四日伏讀

大行皇帝

太皇太后哀詔泣感四章

龍馭升遐祇數時

慈暉寢耀更堪悲內訌外患憂方亟搶地呼天痛莫支

日月雙懸霄漢久山林同沐

聖恩滋（戊戌變法有請毀寺汰僧者 聖慈不許其議始寢）

翠華遐矣嗟何及草木無情亦淚垂

文宗憂國病橫戈

車駕倉皇幸熱河縞素六軍天慘澹蒼梧雙淚日滂
沱終平大亂金甌固重勒中興石鼓謌垂老
鑾輿猶出狩白頭揮淚別宮娥
忽聞
哀詔下神京北望河山涕自橫宵旰勤勞心未已烟
塵澒洞夢還驚豈無膏雨蘇彫瘵儘有瘡痍累
聖明泣問昊天胡不弔彌留猶自念蒼生
日月無光氣慘陰空山猿鶴動哀吟敬天法
祖思
堯德掩泣承歡見

舜心伏聞大行皇帝每得疆臣警奏恐慮聖慈秘不以聞悵望前星虛
帝座忻聞
大業
嗣皇音
賢王攝政應強國早慰
先朝聖慮深

贈張讓三六絕句並序

余耳讓三名垂三十年惜未一見戊申孟冬君自西江返棹始得把晤於寒花瘦石間語及故人半君師友不禁泣下君笑曰禪寂人亦復多

情我幸識師卅年後不然亦爲汝薤露歌中人
矣其言雖戲實傷心語也君行將仍赴章門馮
中丞幕感爲六絕句贈別並訂明春天童之游
君如不嫌山僧字醜當作倒薤書以代桃符嚇
鬼但恐倉頡見之而哭曰吃和尚吾不奈汝何
當退避三舍君以爲然否呵呵

海內才名自昔聞空山寂歷最思君西風落葉滄江晚
一笑相逢話白雲

甬上重來哭逝波白頭那禁淚滂沱喜君遲見山僧面
未入山僧薤露歌

詩人海藏鄭蘇龕與君味道是同參不嫌老去風情在
却怪頭陀痴又貪蘇龕贈余詩有痴而又貪佛所訶

曲江風誼薄雲鴻笑我名心老未空多少深山閒甲子
銷磨都在苦吟中

相交太晚別彌難雲際孤帆不忍看一片離懷海天闊
西江煙月若爲寬

遙指雲峯落照邊明春山筍正當年歸舟應趁清明節
乘興來參玉版禪

冬月十一夜飯張讓三宅聞故人厲季龍於前數
日病故明日往弔柩已出矣爲詩輓之

寒月西風颯鬢絲故人云逝不多時四明舊雨交尤早
一束生芻哭已遲却對寒花思病骨忍歌薤露戲哀詞
甬江吟伴今寥落白首青松祗淚垂

前年歲杪朱古薇侍郎游天童許題詞相贈遲遲
未報戊申殘臘余由白門還甬取道姑蘇奉訪
戲投一絕句以代索逋之役

雲衲衝寒索舊逋殘年風雪過姑蘇梅花一樹朦朧月
此是詩人避債圖

二月朔國喪期滿遵制剃髮感書一絕己酉

鳳輦龍輿俱邈矣猿啼鶴淚恨何如兩宮聖澤留方外

一髮千鈞不忍除

衡山陳仲明余湘社中人別十年矣宣統元年遇於甬上以詩投贈感次其韻

湘中昔結文字契甬上今還笠屐親笑我宵非學道者與君俱是不閒人白雲出岫終爲雨碧海浮杯遠避塵十載茫茫隔煙水無端邂逅亦前因

論道一首次陳屺懷孝廉韻

石爛松枯嬾問年龍眠虎卧各安然固知靜者心多妙莫怪山僧語太顛大地平沉猶是妄虛空粉碎未爲禪欲參最上眞乘法百尺竿頭進步前

戊申夏溥侗人將軍由京師來游天童一宿即去
手書林壑尤美橫額及集五言聯寄贈賦五律
二章奉酬却寄

如何天上客忽下綵雲間遠渡滄溟水來登太白山不
知珠履貴却愛衲衣閒一宿匆匆去青松憶妙顏
華簪心自遠林壑興猶餘閒集古人句親爲老衲書深
情通尺素千里附雙魚遥問長安訊瓊瑤辱贈余

余在湘時陳述猷屬題虎溪三笑圖遲遲未報閱
十年矣已酉春仲星悟上人由白門寄書代索
乃賦五律二章用償宿逋

三賢俱異道一笑各千秋緬想虎溪月如從蓮社游披圖餘勝蹟題句徧名流笑我枯吟久詩成今白頭

疇昔居湘上每思題此圖驚心十年別把筆一言無杖錫來江海雲山隔楚吳還君詩債緩才鈍莫嗤吾

壽昌寺送郭沅芷明府北上次見贈原韻二首

古寺囂塵隔疏鐘暮雨沉何堪折柳咏還對落花吟報國匡時志看雲出岫心關河一揮手寂寞綠蘿林

春草碧如此離懷那可論惟持一尊酒聊贈遠人言宦海帆爭渡廉泉道自敦天涯在庭戶此別莫銷魂

題張讓三小像

此老誰能識翛然吏隱間看雲心更遠籌筆鬢先斑世事眞成笑浮生好自閒請觀身外影一笑豈君顏

朱蘭貽桑鐵珊觀察詩一首

寂寂深林下忻忻亦自芳惟伊君子德佩此蕙蘭香朵自幽人谷來登大雅堂清芬懷滿袖高咏莫能忘

靈峰解嘲三絕句

耳邊鼠雀紛紛訟脚底風濤滾滾翻正我那伽方入定龍爭虎鬥亦忘喧

捨身飼虎虎方飽割肉餵鷹鷹復饑即把靈峰作頭腦施他亦是佛慈悲

也知忍辱是波羅世事如雲一笑過我吃十方君十一
老僧翻爲作檀那

已酉又二月由甬江乘舟至官橋浦過陳屺懷孝
廉居二首

坐惜春將去幽懷鬱不申遶浮江上棹言訪意中人碧
海雖難塞白鷗猶可馴所思在林麓應可接清塵

萬峰青不斷中有異人居水石能清瘦雲霞自卷舒老
僧來問訊童子罷攤書坐覺江村晚歸舟十里餘

由二六市行至羅江登舟有作

自笑身軀重輿夫不肯肩行將六里路省卻一囊錢野

寺鐘初動江村月正圓芒鞋踏破猶自意忻然

洪佛齋茂才自慈谿來以詩見贈作此奉酬

之子有宿慧冥心契佛乘遠携溪上月來照定中僧一見渾如舊清言得未曾何當紫藤杖共躡白雲層

張讓三自江右新歸枉顧白衣寺喜贈

去冬揮手別忽忽半年餘久看廬山瀑仍還甬水居吏情閒更遠豪氣老難除節杖引涼步尋僧月上初

招張讓三入山銷夏

老僧閒不住極望箇人來高卧雲侵榻遙聽瀑吼雷荷香清暑氣松籟引涼杯佇立溪邊路遲君日幾回

己酉六月宮保岑雲階尙書偕高白叔內翰胡濟生張子京太守夏香孫直刺秦薇卿大令由普陀來游天童奉贈五首

繁星森歷歷片月皎然孤直道甯諧俗明珠豈受汚上書辭北闕垂釣向西湖欲把蘄王比騎驢也不殊

結伴到天童雲霞爲改容山開水精域海湧金芙蓉且坐溪邊石微聞花外鐘自然無暑氣涼透萬株松

一解簪纓累能爲汗漫游三山青入袖五嶽翠盈眸遠別雲中鳳閒尋海上鷗可憐憂國淚偏對老僧流

憶昔西巡日中原板蕩時人誰仗忠義公獨起熊羆一

聖廻金輦千官肅玉墀慈顏勞上將喜極淚翻垂

如何王者佐閒散野雲鄉勳業惟看劍豪情賸舉觴拔

襟談舊事流涕念先皇我久遺塵慮因之意不忘

冲主求賢急煙蘿暫息機終廻鸞鳳駕莫戀芰荷衣去

國人皆惱尋僧世已違祇愁丹詔至還與白雲飛

余近喜讀孟東野詩輒不忍釋手憶湘綺翁言余

祇可島瘦不能郊寒心竊愧怍已酉七月登玲

瓏巖尋廣頭陀覺傾巖峭石古樹幽花俱酷肖

其詩因戲效一首

一步一廻首細領煙蘿容秋花潤渴壁微雨蘇病松偶

攀瘦藤上忽與枯禪逢綻衣不用布自剪雲片縫

夜登玲瓏巖

老僧好奇險古洞夜深探螺旋佛頭綠螢飛鬼面籃披雲踏松影掃月坐蒲龕到此忘炎鬱禪從冷處參

廣律師於玲瓏巖習頭陀行蛇虎狐鬼紛來相試一定攝心萬魔拱手因作伽陀二首奉讚即題巖壁用策薰修

一笑諸緣淨千巖片石懸代燈山鬼睒煮茗毒龍涎靈境不可住虛空無礙禪百城煙水渺曾踏鐵鞋穿

眞欲外形骸苔生面不揩狂猿從習定瘦虎伴持齋煨

芋延殘息寫經臨爛柴何勞營壽藏長被白雲埋

月下聽爛雲和尚彈琴

老僧夜忽起涼籟颯衣襟俯澗坐危石焚香調素琴泠泠泉繞指皎皎月傳心不悟禪中理焉知絃外音

己酉夏秋大旱四詣龍潭禱雨未獲雨透言念農艱慨然成咏

旱魃苦爲虐農夫望眼穿嬾雲常戀岫渴日欲生煙不降龍鱗雨可憐龜坼田精誠愧未極咒鉢亦徒然

夜吟

牀底響流泉枯僧夜不眠微聞山鬼語似說野狐禪寶

杖寒敲月銅瓶曉漱煙未能成佛果且自作詩仙

古詩一首效孟郊體

大造極元窅神理曷能言一靈本自虛萬有孰鑄形清濁氣雖殊物我皆同春青青澗底松乃是君子魂嚴霜殺眾草此獨餘孤芬靄靄山上雲乃是貴人身微風一飄颻浮榮即無存湛湛定中心乃是天地根雨露得其潤日月得其溫處幻久不變歷故長若新惟茲信可寶餘者安足珍

滬上晤陳伯嚴吏部喜贈

壓潮歌吹沸如湯喜與幽人話夕陽陸覺廬山飛瀑布

還如湘渚泛烟航滄桑歷歷卅年事燈火昏昏一舉觴六十老僧頭雪白相邀廻憶碧湖傍（君在湘時屢約爲碧湖之會）

余以近作效孟郊詩數首錄寄李梅痴併題一詩於後

戲效孟郊體寄與李梅痴撐腸無別物吃語以療饑瘦月黃生魄肥雲冷作肌夜吟燈餤綠窺窻鬼聽詩

次陳吏部見贈元韻

笑君五十不留髭似怕青年背汝馳人裡逃名眞遯世詩中鬥險未忘機誰知袖手看雲客（君有憑欄一片風雲氣來作神州袖手人之句）不盡攀天蹈海悲月極塵氛無淨土白頭相見賴

談詩

寄金陵楊仁山居士

遙問金陵訊毘耶老作家頻廻梵帝步密取象王牙三淸辭寶籙五濁度恒沙料得維摩室天人正散花

衡山李志遠少尉寫竹見貽䟦語及延陵尚書撫湘時登祝融峰往事廻憶前塵渺如夢幻賦四絕句志感即以奉贈

與可胸中有成竹李生筆下無凡姿數枝寫出瀟湘影風雨孤吟憶往時

莫將幽怨惱空林省釋淩雲一寸心中有湘妃萬古淚

故山南望蒼梧深
祝融勒石紀延陵慚愧高僧舊日稱文字障深禪定淺
得人歡喜惹人憎
老不虛心負此君自憐插足混塵氛何當與子歸衡嶽
分占青蘿與白雲青蘿白雲俱南岳峰名

八月初七與陳子言夜坐小花園樹下子言明日以詩見示次韻答之

傾耳無淨聲舉步無閒蹤譬彼一器中啾啾亂鳴蛩大
道喪已久浮名醉何醲念此樹下游捨子誰能從

夢洞庭

昨夢汲洞庭君山靑入瓶倒之煮團月還以浴縈星一鶴從受戒羣龍來聽經何人忽吹笛呼我松間醒

夢衡嶽

昨夜夢痕淩紫氛祀中七十二峰靑天鷄驚我雲端墜芋子煨殘月滿庭

訪魏肖梅學佐話舊有感即送其普陀之行

我每到君家揮童自煮茶微霜葉未脫三徑菊初花感舊因流涕乘風欲泛槎僑齋坐疏雨相對憶長沙

鄭蘇龕京卿贈詩次韻奉酬

巍然海藏樓氣壓蛟龍盛眼光皎如月掃盡狂華病笑

余禪寂人心軟出語硬俯視百家言直等陳羹飣一步了不移徧覽區中勝十虛生我心大千感即應根塵併銷融頓入圓通聖

再次前韻贈蘇翁

太夷世之雄振海文名盛但慆詔來賢惟工諳競病道情冲霞虛險語盤空硬不爲調鼎梅甘作貯槃飣既無黃綬情好攬滄州勝天童隔一海雲谷呼可應我法戒雖嚴容子獨傾聖

有客問禪疊韻示之

袪妄心始眞懷奇理逾盛不從驢脚炙翻成馬腹病莫

謂藕絲柔會伏修羅硬華嚴經云修羅與帝釋戰修羅敗衄偕其眾走入藕絲孔中一時不見莫貴天上饈且惜盤中飣莫逞客慧狂當踐實際勝莫憚見諦難彈指即相應菩提勿外求好證自心聖

結冬示眾二首叢林以十月十五結冬正月十五日解冬

空山寂歷孰相尋枯木龍吟絕賞音枯木裡龍吟禪語也開盡寒花飛盡葉孤峰迥迥是吾心

涼秋已過又窮冬榾柮煨殘五夜鐘看取紅爐一點雪凡情聖解盡銷鎔

寒夜獨坐

久坐寒燈黯不明林鐘敲盡更無聲惟餘一樹梅花月

猶照枯禪午夜淸

臘月望日於桑鐵珊兵備園中觀梅戲詩一首

兵戟森衞地不聞鳥雀喧寒園草木枯冷芳先返魂深紅間淺白點綴雲霞痕高枝貯微月密蕊傾朝暾橫斜雖異趣貞靜元同根乃知君子德不以仕隱論纓冕榮外觀山海道內存長謠契眞賞聊用紀幽言

秋日書示禪者

不是頭陀愛苦吟無邊爽氣集秋林白雲飛作垂天蓋黃菊開如佈地金山色醉人元亮酒泉聲落澗伯牙琴耳聞目見分明是個事何須向外尋

除夕示眾

一年三百六十日恰似磨牛踏陳迹步步旋轉靡暫停歲月催人苦相逼今夕除夕何能除又把新桃換舊符迎新送舊紛無已心王翻爲萬法奴本來非新亦非舊誰人肯向元初究見色聞香會也麼梅花開徧溪橋路

元旦示眾二首 庚戌

大千一氣轉洪鈞枯木開花象外春爆竹一聲翻自笑今年人是去年人

元日山家也自忙打鐘隨俗慶年芳道人不飲屠蘇酒細嚼梅花味冷香 一作冷嚼梅花嗽齒香

由大溈越仙木嶺經紫氣蕊峰玉屏諸峰小憩芙蓉精舍經登雲霧山遙瞰洞庭有作 丙申

去溈七十里崢嶸四面芙蓉擁化城紫氣遙臨仙木動玉屏寒並蕊峰清濛濛空翠晴還溼渺渺湖光遠向明直欲振衣臨絕頂天風吹下步虛聲

胡梓芳自金陵寄紙索書舊作戲書一絕句於後

千里迢迢索我書我書之拙世間無折釵倒薤俱難擬意造甯爲倉頡愚

挽毘盧寺印魁和尚

毘盧眞性海何惜一波沉但以人天意而存生滅心能

傳戒定慧已了去來今苦行六年事悽然淚滿襟

正月二十夜登掃葉樓作示星悟禪弟

金陵不到忽三載訪古重踏清涼門蕭梁往事如敗葉登樓欲掃俱無痕道人觀世猶浮雲古今變幻何紛紛願放心光照沙界彈指破盡無明昏寶誌不作達摩死西來大意誰復言與子且卧松下石笑看落月翻金盆大千一髮了無着區區成敗何足論

題陳伯雨孝廉所藏文待詔荒山流泉圖

山荒荒兮無人水潺潺兮有聲雲濛濛兮欲雨若有人兮自語切浮雲兮爲冠裁瀑布兮爲裳憫舉世兮炎熱

繄獨余兮淸涼披圖兮一笑覺山高兮水長

夏𤼵恂觀察以贈沈桂芬詩索和遲遲未報嘖有

煩言作此解之

先生結習在狂痴廹我同爲綺語詩莫怪白雲眈命靜

懶隨丹鳳比威儀散花天女顏如玉卧病維摩鬢巳絲

名士美人幽怨意云何却遣老僧知

贈樊雲門方伯四絶句

雲門方伯人中仙百首紅梅海內傳我愧白梅纔十首

吟髭撚斷不成篇

洞壑高寒是我家閉門獨自咏梅花淡煙殘月橫斜態

爭敵羅浮萬樹霞

白梅和尚出山村來上紅梅布政言李梅庵提學囑余謁公云白梅和尚不可不見紅梅布政桃李紛紛亂春色暗香疏影欲銷魂毘盧寺為楚人出資建造近為溫台僧所佔

孤山門戶冷難支全仗逋仙與護持一樣冰心顏色異春風同是最高枝

題夏琴甫琴好圖次見贈原韻二首

抱將綠綺遠尋僧萬壑松濤快未曾當暑聽君彈一曲清於赤腳踏層冰

寥寥寒、夜定中僧一點琴心動不會四座無言山月白

微聞飢鶴啄池氷

金陵重贈成子晉大令

石頭城上看秋潮一別音塵久寂寥今日重逢俱老矣春風兩鬢雪飄蕭

劉侯俠骨已成灰（昔年於劉康侯觀察宅與君相識）回首人間萬事哀訪舊江南聽春雨青山冷抱白雲來

毘盧寺贈諦閑法師

猗歟法師僧中雄教觀恆演天台宗渡濤海口翻遙空遠從雁蕩來江東義龍律虎紛相從大擊法鼓聲逢逢扶起佛日懸天中振聾啟瞶開羣蒙祇園萬木何青葱

靈山一會猶未終我今衰老難鞠躬聊作偈頌揚眞風永資覺道於無窮

贈李心荷太守

感公意不淺我弟在時貧柴米頻分贈饑寒轉與親妻亡還助葬女弱又施仁出世難酬德惟將淚灑巾

寄酬譚澹園先生 幷序

譚澹園先生旅寓蕪湖因游開元寺見拙集謬蒙推許於去年七月致余書云閑其性安其情以山水自娛者柳柳州有深取焉而不以湘綺翁比賈島爲然且次余山居原韻四首索和余

住持事繁遲遲未覆今夏四月禪課之餘乃次
韻奉酬

地僻離塵遠身貧與道宜物情閒易見世態幻難窺雲
約月潛遁花謀蝶共移斯人扶大雅猶自愛余詩
聊娛山水趣敢與柳州論却笑騎驢客行吟出寺門祇
緣詩骨瘦翻失道情溫有意逢京兆推敲安足言
世味嚼如蠟禪心冷欲冰每攜松頂月閒倚澗邊藤獨
鶴誰爲侶孤雲應可憎惟憐彭澤宰曾訪雁門僧
聞道開元寺禪扉背水扃欲將雙鬢白來話一燈青月
照松間石風搖塔上鈴相逢定何日吟望入蒼冥

四月十三日桑鐵珊兵備偕一友一僕輕裝入太白山賦詩四章奉贈

果踐名山約因知吏隱清輕裝乘夜發微月引幽行不遣樵人識休嫌野衲迎暫拋黃綬事閒話綠蘿情

千巖高礙日四月冷於秋應趁簿書暇能携好客游倚松聊看鶴入谷不鳴騶一飯飽禪悅齋鐘出寺樓

四明眞佛地列聖有奎章玉帝猶尊道金精尚吐芒西晉永康年中義興禪師初誅茅於此有童子供給薪水久而辭去曰我太白星上帝感師道行遣侍左右言訖不見太白山名始此微言得淨理小憩卧禪床試誦荊公句幽花度水香王荊公過天童溪有溪深樹密無尋處惟有幽花度水香之句

穿林禮壞塔掃葉讀殘碑宋宏智禪師塔在東谷師隰州人遂稱隰州古佛謚號宏智塔曰妙光龍閣周葵撰塔銘狀元張孝祥書碑笑破枯禪面歡生古佛眉送歸雲欲暝悵別鳥含悲何日青蓮宇仍尋白社期

丁象明明府陪觀察使桑公入山和余夜吟詩一首見贈疊韻奉答

長怪竹根泉泠泠醒冷眠却陪滄海使來打白雲禪意蕊愁生葉心香懶篆煙自甘成獨覺不願領羣仙

山居遣興

自愛幽居道味深禪餘聊復動清吟白雲抱石有遠意明月在天無高心稚笋眼看頻解籜雛松手種欲成陰

閒中不覺吾身老坐臥青山白髮侵

五月朔冒雨尋張蹇翁夜話有作

月黑雨傾盆牽衣夜打門欲將吃秃意來與蹇翁論水月定中影山河夢裏痕一燈寒自照了了更何言

叠韻奉酬鼎湖秋澄上人寄贈四首

遥聞耽寂定亦復事枯吟安得抱明月相尋愜素心微風動修竹涼思入幽襟偶誦碧雲句如聞淸梵音

曹溪在何處欲禮祖師來古路愁多梗迷津喚不回爭提嶺頭物誰震頂門雷言念法源竭觀空亦自哀

像法久云滅我生何太遲二三人已邈西天四七東土二三乃傳衣諸

祖之總稱百六數何奇未證菩提果空題貝葉詩白頭無寸
補寂寞淚雙垂
遙望南華哭六祖道場在南華山憑師爇瓣香一花開已落五葉
願重芳碧浪浮天闊黑風打海狂終期鼎湖上來與話
軒皇

答夏公子二絕句并序

余有白梅詩十首樊樊山方伯有紅梅二十四
首今夏伏雛又有綠梅三十首有紅梅布政白
梅和尚綠梅公子之稱伏雛復以七古一章見
寄蓋欲以公子之艷情爭和尚之冷趣也戲作

二絕句答之

公子前身綠萼華樊山應是赤城霞老僧自抱冰霜質
碧霧朱塵没一些

紅梅太艷綠梅嬌鬥韻爭妍寄興遙應笑白梅甘冷淡
獨吟微月向溪橋

陳天嬰以題龔定庵詞二首見寄次韻答之

定庵定慧幾生修悞把名花鑄綺愁欲向老禪來問法
一拳打碎髑髏頭

百萬阿僧祇一朝情生智隔便迢迢人天無限傷心事
乞取牟尼照自銷

寄天嬰子

天嬰亦是可憐人大海風濤集一身正眼觀來成一笑
微雲那掩太虛眞

普悟自南嶽祝融峰從余剃染將二十年力學不
倦近因患心痛之痆就醫歿於旅舍余往封龕
余呼其法名血淚交迸爲二詩哭之

嗚呼汝竟死使我老而孤問法言猶在觀空淚不枯人
皆稱子德天忍喪吾徒身外復何有心中尙痛無
師徒緣假合骨肉性情同聞我呼其字雙眸淚即紅浮
生元自幻至慟亦難終殯涕哀前事迢遙憶祝融

八指頭陀詩續集卷七終

八指頭陀詩續集卷八

釋敬安寄禪

接待寺納涼感舊並速圓公還天童二首　庚戌

到此清涼境能銷熱惱心如何明月夜勝我碧松陰品竹思前事聞蟬憶舊吟卅年一彈指兩鬢雪霜侵

圓公吾舊侶會掩萬松關一別玲瓏石長辭太白山巖花空自笑詩草共誰刪便欲運神力携君天際還

從接待寺過寶明庵訪文清庵主

晨辭接待寺午過寶明庵欲適閒鷗性來從老宿談高樓涼近水疎簟睡初酣一笑契禪悅園蔬味亦甘

淡淡烟波愜素心數竿脩竹自搖陰門前一片菱花水
六月寒生暑不侵

寄題陳伯嚴吏部散原精舍詩集

吾家詩祖仰涪翁獨闢西江百代宗更有白頭陳吏部
又添波浪化魚龍
一卷人天殞泣辭風雲態演五洲奇欲攀太白搊滄海
洗我雙眸讀子詩

述懷一首呈張謇翁

滿眼黃埃焉足云古懷鬱鬱試告君山林有時得壯士
巖壑無底眠孤雲嶽靈朝亡谷神醉秋鬼夜哭春人聞

欲驅雷火掃荆棘使我蘭桂長清芬

贈尊美律師送其入都請經幷序

師昔年與余住岐山親炙恒志老人同參最久杜多成行忍辱爲糧乘戒俱急寃親等慈實我法中之芬陀利也住持昭陵黙石庵數十年破屋中置一繩床風雨不蔽猶禪誦自若而四來不拒一粒同飧道風所被遂成叢席惟無經藏莫窺秘要法顯求法之誠元奘請經之願師蓋懷之久矣庚戌夏師將持錫入都求須西竺靈文以配南嶽大藏遑來天童與余話舊因留山

中度夏會自次一日師入室告別余憫其臘之
高又嘉其志之堅慨然爲截句十四章贈之至
師久遠不退之心苦行熏脩之德則非世間伽
陀所能盡述也

昔時同住尚朱顏今日相逢鬢已斑四十年來知識盡
白頭垂淚話岐山

志公堖院綠陰中法會人天轉瞬空憶得上堂剛一喝
至今猶覺耳雙聾

惟師衣法得眞傳不記蒲團幾个穿烟水徧參心未已
逢人還乞草鞋錢

多生忍辱運悲深刀割香塗不動心蚤虱紛紛來乞食捨身爲彼立叢林

　師嘗蚤虱滿身有爲去之者師笑曰我已捨身爲彼叢林汝何催單違我本願

錫杖繩床手自將廣行方便作津梁欲知德及昆蟲細看取隨身濾水囊

　師行頭陀錫杖繩床自隨恐水中有蟲先以濾水囊濾之乃飲

欲登彼岸出沉淪護惜浮囊眼目珍毫髮尸羅雖有犯佛前自懺淚沾巾

聞師行脚宿山庵飢喫拳頭味亦甘月出窺園猶拔草令人思念每生慚

　師行脚至一庵投宿拒而不納且棒喝交至師恬然受之猶乘月爲之拔草庵主見而悔乃向師禮懺

舟行杯茗不沾脣恐穢江干瀆水神福盡祇應還受報
金鎗馬麥亦前因

洞庭南望是昭陵行盡雲山不見僧師獨於茲傳祖印
一燈能續百千燈

點石庵中苦異常平居十日九無糧惟將一滴曹溪水
散作醍醐上味嘗

貝多無語地無靈欲請琅函謁帝廷記取松枝東向日
看君白馬又馱經

一鉼一鉢入京師雲水飄然海鶴姿敢向聖明求賜紫
田衣三事老堪披

龍鍾雙袖涕汍瀾世事茫茫後會難惟有青天一輪月
與君千里總同看

他時再往祝融峯雲海相期盪此胸芋火巖前來訪舊
共攀天柱踏芙蓉天柱芙蓉俱南嶽峯名

自題冷香塔二首并序

庚戌孟秋余卜天童青龍岡營造堵波爲將來
大寂滅場松竹之隙補種梅花顏曰冷香書白
梅舊作於壁題二詩紀事

佛壽本無量吾生詎有涯傳心一明月埋骨萬梅花冊
嶂棲靈窟青山過客家未來留此塔長與伴烟霞

湘中舊主六名山衡州羅漢南嶽上封大善長沙潙山神鼎上林六寺太白重來鬢已斑南嶽馬駒空應讖西河獅子老尤頑傳燈錄有南嶽馬駒西河獅子公案余近兼住甯郡西河營之觀音寺未除文字多生障那得林泉半日閒却喜世緣休歇盡一拳打破萬松關

感事二十截句附題冷香塔并序

余既自題冷香塔詩二章以代塔銘活埋計就泥洹何營一息雖存萬緣已寂忽閱邸報驚悉日俄協約日韓合併屬國新亡强鄰益迫內憂法衰外傷國弱人天交泣百感中來影事前塵一時頓現大海愁煮全身血熾復得七截二十

章幷書堵波以了末後嗚呼君親未報象教番
危髑髏將枯虛空欲碎擲筆三嘆喟矣長冥

一丁不識箇村夫祇把心田自力鋤忽解翻身作活計
狂吟浪湧洞庭湖

飄然雲水一孤舟重到江南訪舊遊吳越山川尋未遍
又攜明月過滄洲

我是虛空無住禪烟雲過眼少流連如何一掃玲瓏石
面壁功夫九載圓

牧牯溈山憶往年崢嶸頭角劣難鞭自從鼻孔穿純後
短笛橫吹牛背眠

淸關橋上氣澄淸悟得無生無不生黃土穴爲文字塚
靑龍岡作涅槃城
六十年來老比邱磨磚作鏡閱人愁何如無縫塔中去
心印光潛照用收
佛海風波見已頻慈心不咒毒龍馴收帆到岸渾無事
了卻浮生夢裏身
四大原空一息存黯然猶自對松門生來死去無遺憾
惟有君親未報恩
松關微月又黃昏空熄爐烟一縷魂杞氏憂天天不語
波旬謗佛佛無言

落月哀猿不可聽聲聲欲喚國魂醒莫教遺恨空山裏
誰認唬鵑望帝靈

漫效先賢歌采薇風雲變幻古今違夷齊若使生斯世
何處西山叩馬歸

鯨吞蠶蝕各紛爭未卜餘生見太平石爛海枯眞有日
生天成佛若爲情

脩羅障日晝重昏誰補河山破碎痕獨上高樓一迴首
忍將淚眼看中原

聯盟無奈島夷强合併何堪屬國亡欲挽皇圖憑佛力
白頭垂淚禮空王

留顧他生入轉輪化爲摩竭大魚身能將鐵甲藏鱗甲
始信神州尚有神
欲膾樓蘭肉飼蛟好興雲雨洗腥羶一輪獨照諸天淨
列宿爭趨北斗朝
茫茫滄海正橫流啣石難塡精衞愁誰謂孤雲意無着
國仇未報老僧羞
法運都隨國運移一般同受外魔欺踏翻雲海身將老
獨立人天淚自垂
夢叩西方白玉扃牟尼寶殿倚空冥殷勤稽首蓮臺佛
請說仁王護國經

大法垂危無力持西風兩鬢颯如絲何當早赴蓮池會
九品花中占一枝

萬事都歸寂滅場青山空惹白雲忙霜鐘搖落溪山月
惟有梅花冷自香

入市

偶着芒鞵出寺行勞人塵事便從橫百千蚊蚋聚成市
但聽啾啾雜亂鳴

贈張蹇翁二首

蹇翁眞是慈悲佛語及民艱淚即流痛念黃巾皆赤子
兵符臨發又還收

遯翁朱子別號學佛謗佛者公亦理學非其人安排不喫冷猪肉敢現金剛護法身

寄范清笙舍人楊雲門明經一首 并序

五夜一燈相對枯坐忽憶甬上舊遊殂謝殆盡惟范舍人楊明經僅存因爲一絕句用寄二人使知我學佛者非眞無情人也明經一號長庚故末句及之

一燈黯黯照愁明五夜悽悽感舊情滿眼繁星盡搖落惟留殘月配長庚

易實甫觀察自肇慶道署寄贈羅浮棕拂瓊州椰

扇作此奉謝却寄

應怪維摩默不言遠將談柄寄松門拈來[illegible]說西來意
便覺波濤海口翻
炎炎火宅鬱無涼忽被仁風喜頌揚赤日當天不知暑
白蓮隔水但聞香

有客三首勸戒殺也

有客有客肆歡謔白馬橫馳氣薰灼捕雀僧寮僧豈樂
對佛傷生供大嚼佛雖無言佛淚落
有客有客胡爲乎公然酒肉入僧厨杯盤狼籍興有餘
又捕放生池中魚池魚欲逃池水枯

池魚忽泣作人語曰客曰客吾語汝我亦曾作富家子
汝曾爲魚登我俎今我爲魚塡汝肚

金陵重贈義甯陳吏部

一別長沙碧浪湖西風雨鬢各蕭疏江山所遇非故物
歲月相爭成老夫天際白雲隨杖遣尊前明月照心孤
他年肯入蓮花社不待攢眉酒可沽

庚戌八月南洋勸業會場湖北館觀樊山布政督
鄕人摹搆黃岡竹樓因題

與可胸中幾根竹樊山千竿萬竿綠仍呼此君造此樓
黃岡却在鍾山麓我欲借乘黃鶴遊還留鶴背負黃州

飄然直渡南溟外斫竹誰能更作樓

又觀所狀赤壁卧龍岡黃鶴樓諸古蹟再題二絕句

三分事業且休言赤壁何因下白門要與卧龍通一語莫從形勝論中原

武昌城西黃鶴樓也赴南洋賽會游若有仙人吹玉笛梅花應落石城頭

又觀菊花會一首

看罷深黃又淺黃枝枝葉葉競斜陽似邀萬億陶彭澤同到江南醉晩香

題王梧生戸曹所藏韓人金醉堂詩卷二首

欲向西山歌采薇白雲心事與時違誰將東海孤臣淚
吹上南朝舊衲衣

國破身存恨若何遙憐荆棘泣銅駝降王却愛魏宮妓
壯士空悲易水歌（謂安重根刺伊藤事）

送俞恪士學使之官甘肅

異域豈云樂君恩有此行黃花秋漸老白髮病徵生荒
戍落寒葉邊笳飛遠聲郵籤隨雁遞關吏候雞迎問水
知涇渭看雲憶弟兄憐君持使節萬里到長城

江南重晤李梅庵學使二首並約九日掃葉樓登

高

秋風吹桂棹重到石頭城坐對黃花晚微看白髮生幽
情閒自遣宦味薄彌清喜近重陽節高樓掃葉迎

相交二十載結契亦云深自適孤雲意聊存出世心債
多惟典帖靜極不鳴琴應愛枯禪至清言愜素襟

俞園觀李提學書楹聯有贈

吾憐李翰林一字抵千金看寫澄心紙如聞焦尾琴清
風滌殘暑落日動微吟坐覺楓林晚蕭森秋夜深

重陽日夢與王梧生戶曹李梅庵俞恪士兩學使
蕭稚泉少尉登掃葉樓分韻賦詩余拈得樓字

立成七律一首覺而不忘錄以紀異並志夢痕

九日重來上此樓青山如舊葉皆秋豈無載酒題糕興以有攀天蹈海愁強折黃花笑將插却搔白髮短還羞羣公應抱匡時策早使新亭涕淚收

重陽前三日登掃葉樓有感

向晚欲何適高樓又一臨昏林寒雀噪微月亂雲侵不醉黃花酒寧知白首心自憐憂國淚空灑道人襟

夏劍丞觀察於六年前枉顧毘盧寺以詩投贈遲遲未和庚戌九月於陳吏部宅中相遇索和前作奉酬解嘲

一笑相逢轉愧顏六年詩債不曾還自憐慧業隨時滅莫怪枯僧得句慳白髮苦吟秋雨外黃花疎冷夕陽間祇愁綺語磨難淨贏得禪心老未閒

陳師曾自日本歸遇於金陵感而有作

昔日陳童子重逢鬢已蒼萬千餘里別十四度重陽有口真難說無言轉自傷人間何限事歷歷在滄桑

聞拂塵法師臥病香林寺寄二詩以代文殊問疾

聞道維摩病病生當有因三災休自苦四大本非真粉碎虛空骨掀翻大海身却來觀世界（此句用楞嚴成語）誰我復誰人

一床方丈卧問疾愧文殊白業修身淨黃花想貌臞安
心原是藥病骨倩誰扶南嶽坐禪日功夫尚在無

余既晤陳師曾感贈以詩師曾亦爲余寫茅菴入
定圖以爲紀念題二絕句於上

一瞬滄桑換劫塵茅菴猶剩苦吟身當時餓虎啣將去
那得爲君畫裏人

念子東瀛學力增歸來道骨鬱崚嶒風濤看盡魚龍舞
猶憶蒲團一箇僧

又題

紅塵不到白雲層竹樹蕭寒水石澄一箇蒲團忘甲子

被人喚作六朝僧

衡陽蕭稚泉少尉爲余作小條幅溪山淡逸竹樹蕭寒雅有雲林之致題二絕句以志墨緣

淡淡溪山淺淺苔扁舟如葉載雲回瀟湘一片空明氣都逐衡陽雁影來

江南薄宦亦堪憐大半生涯在硯田一種豪情銷不得儘收雲海入蠻箋

九日懷王益吾祭酒

今日重陽節遙知載酒游菊花還自插霜鬢祇吟秋謗與名俱遠官隨病早休浮雲身外事一笑且登樓

贈陳吏部第五郎七截五章并序

吏部五郎爲長沙上林寺慧舲老宿後身吏部尊人佑民中丞任鄂臬時一日於衙齋見老宿忽至轉瞬已渺正驚訝間僕婦報少夫人產一男合掌跏趺端坐出胎隨圅問湘中道俗則是兒生辰即老宿寂日老宿行脚時曾住峨眉金頂有看佛鐙長歌一首後爲成都草堂寺知客同治初別工部祠堂還湘句云錦水春風公入蜀草堂人日我還湘楊海琴兵備贈老宿有雪天歸自大峨來之語老宿平日持不殺戒甚嚴

雪中宿玉池山會驅一狐陷冰池死常語人曰此狐與我有七世冤結今又斃其命當入輪廻與之解釋老宿與余師東老人爲法門莫逆常指余謂衆僧曰此子骨相不凡後當大建法幢惜吾老不及見耳庚戌秋余來白下問吏部則五郎年已十七訪余於毘盧寺一見如故其言簡氣肅酷肖老宿追憶前塵竟成後會佛說因緣諦信不疑因爲五絕句贈之

此身未得證菩提羅漢投胎性亦迷後果前因誰省識天人墜作落花泥

前身汝是慧舲師來作陳家第六兒記否栽眉金頂夜
長看五色佛鐙垂
浣花溪上舊徘徊工部祠荒長綠苔錦水春風留不住
草堂人日却歸來
霜眉鶴髮上林僧一點塵心動未曾底事雲間成小謫
驅狐陷落玉池冰
慧業靈根不等閒要留眞面在人間待君了却君親事
許與梅花共一山

題多竹山太守香雪尋詩圖

城中春尚早林際雪微明月向高枝隱香從冷處淸有

詩尋不見無意句還成識得春來處何須鄧尉行

重陽後一日金陵寄魏學佐太湖

又作江南客蕭然憶舊游微霜洞庭葉殘照秣陵秋問訊重陽節登高何處樓白衣應送酒會插菊花不

題王梧生戶曹粤西從軍紀畧

王粲從軍賦遠游桂林風景一囊收因知豺虎深藏穴欲駐熊羆每運籌銅柱秋高飛鳥沒珠巖日落暝猿愁伏波横海登壇處古蹟於今尚在不

夜讀樊山集奉題

細讀樊山句子奇林鐘敲盡夜遲遲傾心湘綺追黃綺

公極推重湘綺先生高步微之與牧之華嶽蓮花森道骨白門楊柳吐秋絲祇嫌百首紅梅艷奪我茅菴冰雪姿

馮君木幵病中以詩見寄作此問訊兼柬天仇慘佛

男兒若箇有熱血惟子丹壑常爭流豈比文園惟病渴應同杞國有奇憂次復傷心憐慘佛更無可忍念天仇道人短髮欲繫日迸泣空山搔白頭

九月晦日還山夜坐憶君木天仇慘佛得四絕句

君木身才四尺餘可知其心包太虛山河大地復何物渠正是我我非渠

君亦爲詩瘦且寒臞松病鶴相對看窮冬絶粒茅簷下
祇嚼梅梢雪一團
慘佛悲人常自哭袖裏須彌不忍緣天仇之仇不可忘
問天無語天心傷
慘佛知心卽是佛佛與心兮無二物天仇觀佛亦是仇
提劍欲斬心之頭

殘臘登掃葉樓次去年九日原韻

今日重登掃葉樓西風吹盡秣陵秋山川歷歷平生感
禾黍離離故國愁殘雪暗添衰鬢色梅花應爲老僧羞
逃空那得空王法儘有哀時淚未收

訪洪復齋居士家澗

幽居在人境車馬日閒閒遠近天邊樟仍歸甬上山孤雲飛已倦獨鶴喜初還歲暮來相訪蒼松識古顏

西湖過松風上人爲學捨身之墖哭之以詩 辛亥

爲學捨身者松風老上人獨留孤墖影長與古墳鄰碎骨亦何有招魂恐未眞湖邊春草碧而我益沾巾

杭州白衣寺苦雨不寐

譙樓鼓聲咽積雨黯重林似洒天人淚如傷佛祖心潮横孤艇立愁入一燈深寂寂不成寐神州恐陸沉

過楊雪漁太史故宅晤其公子見心舍人作此奉

贈

幸草亭前草（太史有幸餘詩草因以名亭）春來又發芽天風吹海色野衲到君家坐久爐烟細堂深燕語譁禪心了無着靜對白梅花

包協如舍人以其友李商山君弔女弟子花月痕詩見寄爲題二絕句於後

月湖湖上有人家十五雛姬鬢始鴉不許紅塵侵玉骨野風吹落白蓮花

紫蘭香淨掩重門省識鬘天小謫魂莫向湖邊歌懊悔鏡花水月偶留痕

重贈洪復齋居士

復齋居士人中龍白髮猶餘兩頰紅薄醉卧吟蓬島月布帆歸卸京門風新交應許盧行者老友惟存張蹇翁準擬明年同攝影長留佳話白雲中

題馮君木幵逃空圖　辛亥

我昔在家未學佛愛惜一毛不肯拔自從割斷煩惱緣四大輕如蛻後蟬天台南嶽不辭遠長把蒼藤作吾伴憐君底事禿其頭儼然持律老比邱百八牟尼手自握一條布衲心無求趺坐空山忘甲子細草幽花盡禪理安能與我入名山結屋千巖萬壑間笑問圖中人倘許

君跨肥龍我瘦虎

題洪道法師伴雲居

萬緣俱已寂惟伴片雲居靜聽蓮花漏閒翻貝葉書七條衣自足一鉢飯無餘古木殘蟬裏茅齋祇晏如

過瑞巖寺再題二首

禪機休外覓普化此搖鈴寺爲唐普化禪師開山師常搖鈴示人三秀掇仙草四圍成翠屛登山雲在屐汲澗月來瓶欲問廣長舌溪聲好自聽

靈芝之峯下瑞巖寺三十年中五度游雲水悠悠忽今日青山白盡老僧頭

讀書蕉上人遺集感題

細讀君詩夜矚遲卷中多是贈余詩不堪孤墖臨池影猶似秋巖踏葉時橘柚成林都手種烟霞留約負心期空山寂歷思前事獨對殘鐙淚自垂

仲秋余養痾滬上留雲寺譚苯生公子見訪出詩索題

颯颯西風病骨侵蕭然一榻卧空林遠勞公子尋秋至還使枯禪擊缽吟滄海漫塡精衞恨白雲閒話道人心無生一曲憑誰識欲鼓獅絃覓賞音（華嚴經云如取獅子筋爲絃鼓之衆響俱絕）

讀萊園詩稿有與亡友陳仲鹿洞庭舟中唱和之作慨然有感再題五律一章

却憐陳仲鹿同泛洞庭舟贈子詩猶在聞名淚即流既來新雨好復動故人愁未證眞空理青山愧白頭

何棠蓀觀察久官蜀中不通音訊逾二十年辛亥秋遇於滬上感而有贈

長沙一別後雲水久茫然留滯三巴路遲回兩浙船驚看鬚鬢改始覺歲時遷世事眞難說相逢且論禪

遣從黃浦見還憶碧湖游人事今來變江河亦改流無由歸白社何處有滄洲日暮欲誰適閒雲也自愁

寄吳夢舟秀才並序

余碧湖詩社中人今皆置身清貴惟吳夢舟秀才不求聞達終老煙蘿衆鳥高翔孤雲獨卧蓋玩道有覺之隱君子也辛亥秋寄書問訊情見乎詞追念碧湖之遊彌深白社之感選四十字以報故人

不見吳季子蒼黃草木更五年成小別一紙見深情長作片雲卧遥憐孤月明何時碧湖社歸赴白鷗盟

聞蜀亂有感

忽報蜀中亂遥徵海上兵幽花含露泣落木感秋聲魚

腹書難達蠶叢路不平遙憐三峽裡處處有猿鳴

八月十七日楊仁山居士坐脫於金陵刻經處詩以輓之

七十衰翁何所求恬於梵行最清修流通法藏徧天下卧對半山成白頭垂死祇遺宗教恨公彌留之際與人談及某處刻經未善為遺恨平生不為子孫憂可堪法弱魔強日又覆迷津一寶舟

夜雨不寐聞蟲聲感賦二首

草蟲吟復斷百感動寒宵迢遞愁風鶴淒涼聽雨蕉可憐衰晚世苦憶聖明朝四海日彫瘵來蘇望帝堯

禪心老難遣獨坐倚枯藤豈似黃巾擾應符白水徵時
危爭作將國變幸爲僧强制哀時淚觀空入佛乘

甬上書感三首

茫茫滄海一孤鱗忽忽蛟龍起戰塵不惜諫攀丹檻折
誰憐寒失翠華春

轉瞬浮雲六代更須臾唐宋又元明危亡時事何堪說
落葉殘陽滿帝城

二百年來王氣銷野人流淚話前朝可憐亡國眞容易
一霎金風玉樹凋

遙聞四首

遥聞車馬出京華西望潼關四扇遮今夜月明初駐蹕
羣華何處宿民家
海上滄桑忽變更河山北望不勝情秋風祇剩蘆溝水
猶自潺湲繞帝城
遥望西山王氣終無邊木葉落秋風淒涼最是煤山月
復爲君王照故宮
漢口華夷互市開金銀佳氣鬱樓臺可憐黃鶴樓前望
盡化紅羊刼後灰

題羅迦陵夫人哈同花園

哈同花木亭臺勝帝釋林園恐不如況有龍宮法藏寶

妙香吹滿天人居天人園中石印藏經流通海內

寄懷烏目山僧

心中常有烏目僧每謁不見應我憎若憶玲瓏巖實好可來同倚萬年藤天童玲瓏岩鬼斧神工莫名其巧中產萬年藤可爲拄杖

寄章太炎君滬上八絕句並招游天童

我欲致書章太炎淚痕和墨與之兼善危慧命誰堪續着意先生妙筆尖

故人最憶吳彥復其姊聖慧優婆夷稱子人中芬陀利黃金贖罪勝鬚眉若曩因黨禍破逮彥復姊劉氏聖慧極力周旋得以解脫

張商英著護法論裂背歐陽謗佛言而君亦有十方告

君有告十方宰官居士書毀蔑屎車植信根

平生未與淨名游杜口毘那憶勝流不二法門誰共入

天花落袂天風秋

入海車塵匝地腥孤根蘭蕙惜芳馨黃流滾滾春申浦

不及天童一髮青

玲瓏巖在寺之西咫尺登天不用梯片石孤雲誰與語

待君來此共幽棲

海上芙蓉列翠屏謝公游屐未曾經可知太白爲童子

來與山僧侍拂瓶

松關石徑淨無塵細草幽花藉作茵莫怪枯禪多綺語

名山正復要名人

答友人

君問天童勝峯巒接四明寺藏青靄密鐘過白雲清細草軟敷座幽花難辨名溪聲廣長舌日夜說無生

題王翊君所藏張力臣潔園展禊圖卷 王子

一瞬流光四十春青山如舊白雲新空餘禾黍故宮感不見蘭亭雅集人塵世滄桑身已老名園觴詠迹俱陳披圖祇剩王王父落日江南淚滿巾

聞金陵城破李梅菴死難及來滬則已黃冠爲道士矣

入海事難言風濤大地翻昨朝哭君死今日喜君存暫
對眞疑夢醒看莫是魂黃冠歸故里何不入緇門

嶽蓮和尚招余就齋作七古一章奉酬時其師枯
木長老遠出

主人好客殊常情入門一笑心先傾曼陀花開香滿室
苾蒭草秀靑蓮楹禪悅法喜味自好眞如妙諦言皆新
枯禪出定杖錫渺古琴壁掛松風鳴高山流水神已會
至音希聲誰能聽雲儀鶴貌不可識艮辰勝地虛此行
欲去却顧童子語師歸問訊稱余名

遊寶華山慧居寺贈浩淨律師二首

久耳華山勝今行絶頂邊春風微作雪細雨散如烟溪竹影揺翠山桃花欲然到門聞夜梵松鶴已高眠

清淨蓮華域開山始誌公古人難再見吾道恨何窮此句一作末法道將窮祇樹彫秋綠曇花怯晚紅憑師持慧澤徧洒大江東

登拜經臺

峩峩拜經臺去天不盈尺俯視牛首峰半髻烟際碧一線揚子江縫余衣袖白欲掇三神山爲我四禪宅邈絶區中緣高棲霞外迹應眞期不來巖花空滿席

別德寬律師下山二首

兩宿慧居寺清言得未曾道心堅似石戒律皎如冰久卓誌公錫單傳見祖燈高山聊仰止又下碧崚嶒

禮別千華佛無言淚自零經過黃葉嶺迴望白雲亭黃葉嶺名白雲亭額魔事何紛擾勞生此暫停春風無限意處處柳爭青

曼衍道人以詩見貽次韻奉酬

春樹園新翠流鶯弄曉音山如曬虎醒海作啞龍吟老衲來越嶠騷人貽楚琛似携碧湖月照我綠蘿心

附原韻

吃僧狎蛟海自抱鐘磬音冷月侵趺坐乾風吹夜

吟翦魂落島嶼捧記抽天琛悲涕了初地湛湛無
漏心

聞故人秦子質來滬忽於梦中見之即得二詩醒
而錄之以志神交

國變僅有存驚看帶淚痕豈徒人事改亦覺地天翻神
理知仍在浮生休更論心安即避世不必入桃源

此地春申浦相逢已十年滄桑今變矣身世更茫然欲
入四禪定其如百感煎袈裟所漬淚俱是哭人天

西園戒幢寺廣慧長老與其高足三根和尚前後
住持百廢俱新製伽陀四首贈之

姑蘇城外寺名勝擅西園貝葉書盈篋梅花香滿村忘
機魚自樂聽梵鳥無喧物我俱平等風旛不必論
珠塵紛滿眼定慧寄持身妙法蓮華淨牟尼寶殿新獅
林遙在望虎阜近爲鄰殊勝吉祥地憑師轉智輪
地接五湖天煙波興渺然黿鼉時出没鷗鷺影連翩山
碧雲逾淡江清月更圓無情長說法了不落言詮
老未山中卧頻從海上歸馬鳴猶托鉢龍樹已傳衣梵
行修何苦檀施願不違人天共歡喜花雨日霏霏

西園放生池觀魚二首

西園戒幢寺池上偶閑行頗覺羣魚樂同遊一水清臨

淵我無恙洗鉢爾休驚他日成龍去毋忘此放生

春風梅柳自成村潭影閒雲對笑言到此忽生濠濮想人魚同樂是西園

將往光福看梅聞其地有警不果行

久聞光福地疏冷得春多十里花迎袂連林玉作柯繁枝殘月墜清影淡煙和欲踏香雪去無如荆棘何

甬上遇法舟和尚次唐人韻二首送其歸竹林寺

憶曾竹林遊一笠斜陽晚山色夢中寒鐘聲雲外遠

君自竹林來碧桃花已晚且話白雲心青山歸未遠

常州重晤莊醒菴中丞奉贈四絕句 有序

公宦湘最久遺愛在人庚戌湘亂公以藩司署撫憫民飢鬧荒不忍加誅遂爲總督瑞澂所劾罷官之日吾湘人扶老携幼哭送其行壬子二月余來毘陵既喜公存復悲世變以淚和墨書五絶句贈之

湖南久宦鬢成絲湘水衡雲繫去思煨芋殘僧來訪舊沾衣如讀峴山碑

澄波如鏡是吾湘不使民飢不鬧荒忍把黃巾坐黎赤長沙謫去萬人傷

兩湖使節假公持湘漢風淸浪亦遲今日武昌楊柳色

春風惟映酒家旗
一從解組入山林白朮黃精道味深塵世興亡都不問
梅花開落却歸心
結茆擬上最高層滿目青山絕愛憎老去交游知更少
應憐雲海一孤僧

贈莊公孫一首 有序

余住南嶽時還長沙一日謁公不遇適長公子秉恒方生兒彌月抱見余因效寶誌公見徐陵故事亦摩其頂曰石麒麟汝又下生自茲歲月頻更雲海遠隔不復記憶壬子春余托鉢毘陵

詣公門見一少年初不識但訝其貌酷似長公子既詢左右知爲向所見之公孫喜作一詩贈之

石麟摩頂記吾曾廻首人間歲月增白髮枯禪來問訊
喜看頭角一崚嶒

贈鐘樓寺光忍和尚二首

甜足罷參尋幽居祇樹林拈花微有笑對鏡寂無心不
羡門留帶惟持偈勝金爲君題玅句掃石動枯吟

未證眞空莫說空含情傳語白雲中人間盡是繁華夢
輕打高樓五夜鐘

贈清公

我獨知師意人皆目汝狂心光能自照口語未爲妨忍草經霜勁禪花過雨香炎威空作態一念頓清涼

江南送張聽雲還鄉省母

江南春正好底事忽言歸十載別慈母寸心懸落暉因憐游子淚頻滴老萊衣使我吞聲哭萱庭幼已違

春夜與樊雲門夏武夷集哭菴聯句

浮杯渡滄海忽與故人逢八指談話一燈雪枯禪萬木冬、樊山養生同澤雉高誼逐雲龍武夷髮鬚寒、山寺來聽夜半鐘哭庵

周菊人贈詩次韻答之

世變孤雲在春回萬柳蘇本圖成佛祖豈分作詩奴嗔虎慈心伏癡龍慧劍屠老年耽寂定半偈贈人無

三月十四夜宿茅山寺楊𧺝伯贈詩次韻奉酬

一簾花影淡煙和如此良宵有幾何擊鉢聯吟宜達旦片帆明日又煙波

茅山登茹峯亭次巒琴韻

攀蘿重上茹峯亭滿目瘡痍涕自零欲拔靈茅滄海去中原一髮袖中青

重過茅山寺遥望徐酡仙胡樵硯呂文舟楊雪門

諸亡友墓泣然有作

三茅舊遊地一步一傷心故人多葬此墓木已成陰白社復誰在青山獨至今春風草又綠對此益沾巾

過亡友楊靈荃半灣居愴然作此

半灣春水年年綠每到君家一泣然三十一年重出世又將霜雪上華顛

贈楊鑾琴茂才

君騎竹馬尚紅顏尋我幽花瘦石間三十一年如電掣白頭相對話青山

石城尋白道人

石城殘照裹楊柳碧餘春獨放青天鶴來尋白道人溪雲涼入戶潭水近爲鄰坐覺滄洲晚微風動葛巾

壬子秋仲龍虎山嗣漢天師張曉初君來滬世界宗教會開會歡迎與會者西士李佳白梅殿華及會員曾吉人張袞龍陳喆甫夏小谷李體乾陳植生姚志梁諸君余忝陪座撰爲伽陀以紀勝會

勝會

勝流集如雲歡迎張天師秋風吹海色湛如碧琉璃遠聞鸞鶴鳴同瞻龍虎姿至理闡微言宏抱開神飈俱融水乳交永忘種族歧釋耶與孔老相見咸嬉嬉百川既

入海一味夫何疑由來宗教會未有勝於斯

湖南旅甯諸君啟余主席毘盧寺詩以奉酬

毘盧寺是古招提老衲何堪任覺迷漫擬參寥於玉局
更慚島佛與昌黎詩心靜養雲千嶂禪意清餘月一谿
爲訪東林高士語片帆來自浙之西

陳仲思輓詩一首

一夕金風彫玉芝孤禪聞訃淚雙垂元方有弟誠難得
伯道無兒更可悲念與君家交最久身經塵刼死猶遲
嗟余未證蓮花果哭友徒歌薤露辭

自題小像余建冷香塔於青鳳山前爲他日瘞骨處

六十二年夢幻身惹人歡喜得人嗔儘容筏戾車成隊轉與阿修羅結鄰青鳳山前聊葬骨白蓮花裏待棲神虛空擊碎渾無事大地何曾有一塵

贈別蕭漱雲太史並序

漱雲太史心痛國殤由湘來甬效魯連蹈海余以無人無我不生不滅解之既留山中小住復勸其歸選四十字以為臨別贈言

甬上復為別相逢詎有期白雲飛莫定滄海變多奇憤極休談劍愁來且賦詩興亡俱夢幻勿動道人悲

一自長沙識深知志節堅山河雖已改肝膽尚如前莫

戀滄洲月歸浮湘水船東籬黃菊在猶似義熙年

俞恪士歸自甘肅其弟壽臣歸自遼東俱僑寓滬上相見各述亂離感而有贈

憐君兄弟共還家遼海天山道路賒遠戍秋風生白髮十年心事負黃花亂餘還念驚弓鳥國變眞如失樹鴉塵世滄桑人老大不堪回首憶長沙與君家兄弟自長沙相識將三十年

再贈恪翁一截句

雪嶺冰河凍不開黃沙白雁使人哀獨攜一片關山月繞盡長城萬里回

壬子九月二十七日客京都法源寺晨起聞鴉有

感

晨鐘數聲動林隙始微明披衣坐危石寒鴉對我鳴似有迫切懷其聲多不平鷹隼倏已至一擊羣鳥驚恃強而淩弱鳥雀亦同情減余鉢中食息彼人中爭我身尚不有身外復何營惟憫失乳雛百匝繞樹行苦無濟困資徒有淚縱橫覺皇去已遐誰爲覺斯民

招樊雲門陳伯嚴熊兼三易實甫於滬上靜安寺作重陽會次雲老韻二首

聊具伊蒲進一觴可容秘思訴殘陽遠觀滄海窮千變欲把青天補大荒雪竇禪機遲且鈍雲門句子澹而香

年來已熟黃粱夢回首邯鄲是覺場

高人原不在登高懶逐龍山載酒勞掃淨空花完月魄此句一作掃淨狂花空客慧銷除結習剩風騷且來塵外開雙眼莫向尊前嘆二毛黃浦江邊秋正好一籬瘦菊坐吟豪

酬陳漢元參議

久別陳無已相逢鬢已蒼心腸盤俠氣言論凜秋霜力使邪山倒能生暗海光國家爲柱石我法亦金湯

次前韻再贈陳參議

興亡良有以何問彼穹蒼榮茂三春幹蕭條九月霜終成大革命不負好時光若論元勳業還須頌武湯

寒夜與吳虎頭坐談仍前次韻奉贈

獨憐吳季子詩骨秀而蒼坐瘦一潭月吟殘五夜霜秋花無熱艷綵筆有奇光領略清談味如嘗般若湯

田君梓琴贈詩再疊前韻一首奉酬

流盡英雄血回天力勁蒼近看遼海月應憶洞庭霜共起民軍義重生祖國光黃農猶可接不獨繼成湯

山居漫興仍疊前韻四首兼答陳參議

山居殊寂歷苔蘚繡衣蒼偶見樹落葉因知天雨霜松陰看鶴立潭影浴星光君問枯禪味爐燒青茶湯

海橫杖底白天入袖中蒼遠聽猿啼月如聞鬼哭霜巖

松凝冷夢籬菊淡秋光悟得無諍法抽薪止沸湯

手持一片石欲補天蒼蒼萬派潮爭海千林木落霜法

雲期廣蔭慧日更流光洗淨貪嗔穢蓮花生火湯

月照禪心寂苔生佛面蒼詞峯長聳彗忍草不彫霜拭

淨微塵垢圓成大鏡光薪傳火已燼何處更揚湯

八指頭陀詩續集卷八終

國家圖書館出版品預行編目資料

八指頭陀詩集／敬安法師著. -- 初版. -- 新北市：華夏出版有限公司, 2024.03
面； 公分. --（圓明書房；036）
ISBN 978-626-7296-79-0（平裝）

224.513 112014226

圓明書房 036
八指頭陀詩集

著 作 敬安法師
出 版 華夏出版有限公司
220 新北市板橋區縣民大道 3 段 93 巷 30 弄 25 號 1 樓
電話：02-32343788 傳真：02-22234544
E-mail：pftwsdom@ms7.hinet.net
印 刷 百通科技股份有限公司
電話：02-86926066 傳真：02-86926016
總 經 銷 貿騰發賣股份有限公司
新北市 235 中和區立德街 136 號 6 樓
電話：02-82275988 傳真：02-82275989
網址：www.namode.com
版 次 2024 年 3 月初版一刷
特 價 新臺幣 960 元（缺頁或破損的書，請寄回更換）

ISBN-13：978-626-7296-79-0